文明与幸福

人类行为的逻辑

CIVILIZATION AND HAPPINESS

肖仲华 著

中国发展出版社
CHINA DEVELOPMENT PRESS

图书在版编目（CIP）数据

文明与幸福：人类行为的逻辑 / 肖仲华著. —北京：中国发展出版社，2020. 10（2023. 12重印）

ISBN 978-7-5177-1137-7

Ⅰ. ①文… Ⅱ. ①肖… Ⅲ. ①文化史—研究—世界 Ⅳ. ①K103

中国版本图书馆CIP数据核字（2020）第182899号

书　　名：文明与幸福：人类行为的逻辑
著作责任者：肖仲华
责 任 编 辑：沈海霞
出 版 发 行：中国发展出版社
联 系 地 址：北京经济技术开发区荣华中路22号亦城财富中心1号楼8层（100176）
标 准 书 号：ISBN 978-7-5177-1137-7
经　销　者：各地新华书店
印　刷　者：北京博海升彩色印刷有限公司
开　　本：880mm × 1230mm 1/32
印　　张：6.75
字　　数：140千字
版　　次：2020 年 10 月第 1 版
印　　次：2023 年 12 月第 2 次印刷
定　　价：48.00元

联 系 电 话：（010）68990642 68360970
购 书 热 线：（010）68990682 68990686
网 络 订 购：http：//zgfzcbs.tmall.com
网 购 电 话：（010）68990639 88333349
本 社 网 址：http：//www.develpress.com
电 子 邮 件：841954296@qq.com

前　言

PREFACE

当今社会正处在一个大变革与大发展的时代，科技的突飞猛进正在改变着人们的生产和生活方式，经济社会整体的发展也在日新月异的变化当中。无论东方还是西方，政治、经济、科技、文化、教育诸方面都出现了许多新气象，也出现了许多新问题。如何解释这些新气象和新问题，是摆在每一位学者面前的新课题。

互联网和社交媒体的出现，正在加速社会的扁平化。通过社交媒体，人们有了更多参与和表达的机会，但同时也能看到各种极端言论充斥网络。在全球性经济衰退的背景下，人类显然出现了某种焦虑症状。这种焦虑症状表现为各种思潮的泛滥，诸如极端主义思潮、民粹主义思潮、反“政治正确”思潮、极端自由主义思潮、粉饰历史或虚无化历史的思潮、美化宗教或极端反宗教的思潮，以及反科学、反教育甚至反智的思潮等，借助网络平台，正在迅速地传播，影响很大。

这种现象，单纯从某个学科的角度无法很好地进行解读，需要有一定的高度和某种全方位的视角。这是促使我放弃碎片化的评论写作，决定写一部专著来系统分析和解读当前各种社会现象和问题的动因。

要读懂今天和未来，得先读懂历史。要想读懂历史，得找到历史的逻辑。所谓历史，说到底就是人类的文明史。文明是历史的沉淀，文明也是不同历史时期人类行为结果的总和。所以，寻找历史的逻辑其实就是寻找人类行为的逻辑。

人类的目标和终极目标是什么？人类为此目标干了些什么，尤其是怎么干的？其结果又是什么？按照这个思路，我们能够发现，人类的目标是追求幸福，人类为了幸福的目标不断地认识世界和改造世界，其结果就是文明。对文明的记录、描述和传播就是文化。如此想来，就慢慢发现某种内在逻辑真实地存在于人类文明史的宏大架构之中。

文明是物质和精神的创造，文化是描述这种创造的知识体系。幸福或者不幸，其实是在人类欲望和需求驱动下对文明和文化的追求以及对追求结果的整体感受。人类社会就是在这种目标、行为与结果的循环中不断进步的。

这使我有某种豁然开朗的感觉。按照这种思路，我们读历史一下子变得轻松起来，解读现实也就不再困惑和迷茫。

我把对文明史，尤其对科技史、经济史和社会史的解读写下来，然后按照同样的思路解读人类当前面临的各种现象和问题，就写成了这本书。我把它命名为《文明与幸福》，既是想阐述其内在的逻辑关系，更是想表达人类在任何历史阶段或文明阶段，永远不要忘记自己的目标是什么，结果是什么或会是什么，在目标与结果之间干了什么以及应该怎么干。

在写作过程中，我尽可能对一些重大历史事件进行深入解剖，尤其针对当前各种粉饰或者蓄意的歪曲，尽可能用逻辑和数据进行还原。方法是着力于把历史和文明的逻辑挖掘出来，这是我最希望做到的。钱穆先生说“天下的真理是属于历史的”①，所以读懂历史自然就能读懂现在甚至未来。

作为一个研究经济史和经济思想史的学者，我难免会更多地偏向于经济和伦理的角度看问题，也更多关注现实中的经济现象和经济问题。好在人类社会首先表现为经济社会，这似乎也没有什么不妥之处。当然，我既然站在文明的高度谈问题，自然会论及关乎文明的诸多方面，包括政治、经济、科技、教育、文化、宗教以及哲学和伦理，等等。

本书共12章，从上述关乎文明与幸福的各个方面谈历史与现实，贯穿始终的是人类的目标与行为的逻辑关系，这是主线。本书力图梳理文明和人类行为的内在逻辑，其结果自然也能反映文化和知识的内在逻辑，尤其是今天人们言必谈及的人类共同价值的内在逻辑。

① 钱穆:《中国社会经济史讲稿》，北京联合出版公司2016年版，第64页。

本人从本科到硕士阶段学的是工业自动化和计算机，头十年教书也是教自动化和计算机课程。十多年后读博士转向经济学，博士后从事的是哲学和伦理学领域的研究。这样的学习和研究经历使我大致能横跨理工、社科和人文三大领域，具备一定的跨学科研究的能力，所以才敢给自己找了这么个大题目，并敢于付诸行动。

唯愿此书对大家梳理思绪、观察现象和看待问题能有所裨益。

肖仲华

2019 年 9 月 23 日

目　录
CONTENTS

第1章　人类的目标

人的目标是什么?

对这个问题，每个人可能有不同的答案。多数人会说，自己的目标首先应该是有健康的身体，然后好好学习争取有个好学业，再争取有个好事业，希望有个温暖的家，希望能发家致富或至少能衣食无忧……其实，这些大众化的人生目标背后有个抽象的概念，叫幸福。

人类思考和追求幸福的历史几乎与人类文明史同步，自古就有，而且永远都在。这是因为幸福不只是个人的生活目标，更是人类的终极目标。

一个人，一个国家，一个社会，以至整个人类，在不同的历史阶段，追逐的目标都是快乐幸福，而不是痛苦或者苦难。只不过，在不同的人生阶段或者不同的历史阶段，个人或者整个人类追求的幸福水平有所不同。大而言之，人类在不同历史阶段所表现出来的所有文明形态，有一个共同的目标，那就是追求幸福。只不过，不同文明阶段的目标存在只追求个人幸福还是兼顾他人幸福，只追求少数人幸福还是追求多数人幸福的区别。所以，幸福是文明的内核。

自从人类开始彻悟，把实现“最大多数人最大程度的幸福”或者实现“人类普遍幸福”作为人类社会发展的最高目标，人类才真正迈入现代文明的历史阶段。今天人类普遍追求的自由、平等、公平、正义以及民主、法治等范畴所构建的共同价值体系，其实就是现代文明的价值内蕴，它们共同构成了幸福的价值链条与逻辑。

所以，要读懂人类的过去、现在与未来，就得从幸福讲起。

幸福是什么

人类对幸福的渴求，其实与人类文明的诞生同步。人类对幸福的理解，应该与人类文明的进程同步。

鸿蒙时代，人类的一切行为不外乎本能的求生与成长。尽管人们在劳动中逐渐发明了工具，有了语言可以进行交流，但一切行为依然围绕提高获取食物的效率而展开。此时，所谓的幸福就是快乐，即简单的生理满足就是快乐。

劳动和工具的创造，也在改造着人类自身。随着大脑的逐渐发达，人类的思维和情感也逐渐开始形成。基于思维和情感，人类逐渐有了事实判断和价值判断。

从个体简单欲望的满足，逐渐走向关注同伴和他人的欲望与满足，这就有了同情与怜悯之心。原始的食物和交配权的争夺，也逐渐走向基于同情和怜悯的协作与分享，于是诞生了理性思维和价值判断。

当人们从基于生理欲望的满足深入基于理性思考和价值判断的情感与思想的满足时，幸福观念就不只是快乐了。如果说物质和生理欲望的满足就是快乐，那么物质欲望和精神需要都得到满足就是幸福。

从神学宗教到世俗伦理时代，人类对幸福的思考可归结为所谓德性幸福观、感性幸福观和理性幸福观。由于这些思考都基于物质匮乏这一时代的大前提，人类并没有足够尊重物质需要的合理性，更没有足够尊重精神需要，反倒是将物质需要和精神需要以对立的方式表现出来，以精神追求来压制物质的欲望，把理性和德性当成了压制而非张扬欲望合理性的工具。所以，早期神学宗教和世俗伦理时代的幸福观念基本都失之偏颇。在人类有了科学思维之后，对物质和精神的科学分析带来了幸福观念的根本性变化。需求层次理论的出现，为人类幸福理论的重构开阔了视野。当我们意识到人类的欲望和需求可分为生理需求、安全需求、爱和归属的需求、尊重的需求以及自我实现的需求时，我们就懂得了从快乐到幸福是一个连续的需求和满足过程。人类终于懂得，在生理需求和物质需求得到满足的基础上，继续实现情感、道德和理性价值诉求的全方位满足才是真正的幸福[1]。需要指出的是，这里所讲的需求是一般的需求概念，也就是通常所说的需要，而不是经济学的需求概念（经济学的需求概念专指有购买力的需要）。因为马斯洛在阐释需求层次理论时用的是需求概念，本书在讲需求层次问题时依然沿用这一概念，在讲经济学需求概念时会进行区分。

不管你如何理解幸福，对幸福的追求更多偏向物质还是更多偏向精神，有一点必须注意，那就是幸福最本质的东西：人的欲望满足。无论是物质方面的还是精神方面的满足，最终都表现为各种体验与感受。

抓住这个本质非常重要，这关系到人类社会到底应该干些什么，曾经是怎么干的，以及今后应该怎么干。

幸福的实现

尽管神学和宗教崇拜的是未知和神秘，但其诉求却是物质方面的风调雨顺和精神方面的天理与人伦。

因为劳动生产力低下，在食不果腹情况下物质满足永远是第一位的。也正因为物质的匮乏和劳动生产力的低下，如何确保劳动生产效率的最大化，以保证族群创造物质财富的效率最大化自

---

① 有关幸福的基本原理，可参见肖仲华：《西方幸福经济学理论研究》，中国社会科学出版社 2010 年版，第 14–40 页。

然就成了最基本的理性思考和价值判断。

一方面，通过敬神来祈求风调雨顺；另一方面，又要对不充足的物质生活资料进行合理分配，以确保个体和族群的生存与发展。于是就有了既追求物质满足，又追求节欲的道德诉求。

无论是古老的印度教和佛教，还是犹太教、基督教和伊斯兰教，莫不强调节欲。这是物质匮乏条件下，以有限资源满足无限欲望的有效路径。通过节制欲望来避免欲望困扰而又不能解决的痛苦，这是人类早期的智慧，属于从感性幸福（快乐）走向德性幸福的时代。

随着劳动生产力的提升，人类物质需要的满足水平也在提升。从神学宗教时代走向道德哲学时代，是人类文明的第一次飞跃。古老东方的商周礼乐文明，通过构建较为完善的社会伦理体系规范人类行为，追求个体、族群和社会的利益最大化，以期人类生存和发展的需要得到更大程度的满足。在这种道统时代依然秉持德性幸福观，是因为物质依然匮乏，依然需要强调节俭。但是，这种节俭与神学宗教的节欲（如古印度教和天主教都曾经出现过的苦行和苦修）相比已有了很大的进步。

基于“兴灭继绝”和仁爱思想的儒家学说，中华民族实现了两千多年相对稳定和富足的社会发展。尽管屡有外敌入侵和战乱，终究都能回归安居和稳定，让中华民族的经济社会发展和人民幸福水平雄居世界长达两千多年。

这是一种了不起的文明形态，它最早将人类追求幸福的路径定位于对生存权和发展权的尊重，并力求尽可能地满足。但物质匮乏决定了儒家思想不可避免地同样强调节制欲望，并为节制欲望设计了道统体系。

尽管古希腊和古罗马还是奴隶制社会，但其自由民和贵族阶层享受着自由开放和包容的社会氛围。对欲望的肯定与满足，成为那个时代快乐主义幸福观的主流。当然，与同时期的春秋和战国时代一样，古希腊和古罗马时代也是一个智者云集、大师辈出的时代。柏拉图、苏格拉底和亚里士多德等人开启了对世俗哲学和伦理的思考，完成了从“放纵欲望的幸福”和“节欲的幸福”两种极端思想向“智慧即幸福”[①] 思想的转型，开创了理性幸福观的时代，同时也启发了人类关于快乐与幸福、幸福与感性、理性和德性的完整思考。

尽管自柏拉图开始，就试图通过“理想国”模型来实现人类幸福，但很可惜，在几代古希腊人依然没有完全想明白的情况下，罗马帝国时代来了，而且很快又进入了黑暗的中世纪。众所周知，中世纪的欧洲文明进步相对缓慢，甚至出现了一定程度的倒退。因此，古希腊人文精神曙光乍现，但很快为神学宗教时代的禁欲主义所取代。

欧洲的中世纪是人类历史上最黑暗的时期之一。那时，欧洲人认为，人活于世的唯一目标就是享受苦难和赎罪，死后上天堂才可能有幸福。没有幸福自然无所谓幸福的实现，死后是否上天

① 亚里士多德：《尼各马可伦理学》，廖申白译，商务印书馆2003年版，第289–305页。

堂、是否真有幸福，这已经不是人间的事情了。

“三大思想解放运动”（文艺复兴、宗教改革和思想启蒙）和工业革命使人类社会进入科技时代，也使人类社会开始从物质匮乏时代迈向物质过剩时代。劳动生产力的大幅提升，使人类创造物质财富的能力大大提高，基本的生理和物质需要的满足不再是难题。

尽管工业革命的发展经历了几百年时间，但无论早到来还是晚到来，只要是工业革命所到之处，几乎都能实现从物质匮乏到物质过剩的转变。尽管幸福与否是相对的，但至少发达地区出现了高度发达的物质文明，基本的生理和物质需求的满足不再是问题，精神层面的需要凸显出来。这是人文主义兴盛的物质基础。

当衣食住行等基本需要得到满足后，人们开始需要对拥有的守护，需要爱与被爱，需要受到尊重，需要表达和参与。总之，关于安全、爱与归属、尊重和自我实现的需求就开始逐渐上升。

于是，伴随着工业革命和科技时代的推进，人类社会的文明形态也开始演变。共和与民主法治的出现，正是为了满足人类日益增长的精神需要。尽管共和与民主法治思想萌芽于古希腊和古罗马，但真正的摸索和实践，其实是在“三大思想解放运动”和工业革命之后。直到两次世界大战结束，人类才正式进入共和与民主法治的新时代。

在人类历史的进程中，一直存在各种主义之争。但是，究其根源，就是如何满足日益增长的人类需要，实现普遍幸福。

二战后开启“重构世界新秩序”，目标是构建人类的价值共识和规则共识。所谓共同价值，其内核就是人权与幸福。人权的内核就是幸福的权利，包括生存权、发展权、财产权以及自由、平等、公平、正义等。这一切其实就是要保障生命安全和财产安全得以实现，保障爱与归属的诉求能够实现，保障尊重、尊严与自我实现的诉求能够实现。

共和与民主法治，是一种政治文明形态，也是现代社会文明形态的主要内涵，其进步的意义体现于对人类幸福水平提升的理解与尊重，同时也是实现这种幸福水平提升的必由之路。

当然，西方的民主制度也给西方社会带来诸多问题。比如，普遍实施于二十世纪六七十年代的全民普选式民主并没有使西方社会更加繁荣昌盛，反而使大部分国家开始陷入停滞与衰退状态。“颜色革命”后的东欧及中东部分国家的民主实践也基本没有使经济社会发展向好的成功案例。近年来出现的反“政治正确”和民粹化倾向，也正在消弭共和与民主法治的效用，这恐怕是西方社会不可避免要面临新的变革或者变局的原因所在。

表象和问题的背后，根源到底在哪里，正是本书要探讨的重点所在。

体验与感受：百善与万恶之源

人类的一切价值诉求固然可归结为“幸福”二字，但幸福的本质就是欲望和需求的满足，而满足的表现是体验和感受，所以幸福是主观的，不是客观的。

对主观的“幸福”问题，人类早期通过神学宗教和世俗伦理来思考和解决，基本方法就是节制欲望，这导致人类逐渐走向了宗教文明和礼制文明。在宗教文明和礼制文明中，所谓善与恶，其实与是否节制欲望直接关联。无论东方还是西方，在物质匮乏时代，节欲从来都是伟大的情操，反之就是道德败坏。所谓百善与万恶，说到底就是如何处理好欲望的节制与满足的平衡问题。

很显然，以节制欲望来实现欲望的满足怎么说也是一种悖论。

当从哲学（尤其是伦理学）角度思考幸福问题遇到无法解决的难题时，人类开始转向经济学。经济学脱胎于伦理学，其原因就在于人类试图将幸福问题简化为经济问题。幸福是主观的，经济或者财富是客观的。

经济学将哲学和伦理学的幸福理解为效用，其本质没变，依然是对欲望和需求的满足。经济学将效用作为人的基本价值诉求，通过财富来满足效用，并通过对财富的计量来衡量幸福程度，以此表达幸福是否实现，以及在多大程度上得到实现。

因为有市场，财富可以计价和交换，经济学的效用（哲学的幸福）似乎也就可以计价和交换了。因为一切商品都用于满足人类的欲望与需求，为了满足效用和实现幸福，人类就开始拼命创造商品和财富，以期最大限度地满足自己。

经济学突破了哲学和伦理学对人类欲望的桎梏，人类开始放纵欲望。从物质匮乏到物质过剩，从节制欲望到消费主义，人类充分体验了欲望和需求得到满足的滋味。

可惜好景不长，人们在充分放纵了欲望之后，发现自己依然没有太强的幸福感。吃饱喝足之后，人们开始有了更多想法。人们发现自己开始想表达，想参与，什么事都想插一嘴或插一腿，相互之间还互不买账，彼此纠结。总之，衣食住行不再是问题，思想和精神却有了问题。

人们抱怨自己没安全感，抱怨自己缺少爱和温暖，不知道自己是谁又到底想要什么（没有归属感），也感受不到自己有多么受到尊重。经济的发展带来物质的满足，但似乎并没有带来真正的幸福。科技创造财富，经济学研究财富。财富就是效用，效用就是幸福。可是，财富有了，效用有了，而人类依然没有幸福感。问题出在哪里？

经济学诞生之初，信心满满地认为能够实现人类“最大多数人最大程度的幸福”。当经济真的高度发展后，经济学也投降了。人们承认经济学只能研究财富的问题，幸福的问题还是还给哲学和伦理学去思考。

这个时候，科学——具体说是脑神经科学和心理学，又接过了对幸福问题的探究，试图揭开幸福的终极秘密。于是又有了一门新的学问，姑且叫作“幸福学”。

幸福学研究来研究去，貌似发现了所谓大脑的幸福机制，也就是人类的大脑有基于神经网络系统构建的一套感受外界输入（物质或信息），并产生快乐和痛苦信号的发生与传导机制。但说来说去，无非证明了幸福是一种主观体验和感受，并无其他。[①]

体验与感受，无论来自物质还是精神，终归是体验和感受。

好与坏，善与恶，百善与万恶，都是体验与感受。

科技、人文、经济、政治、社会，真想解决幸福难题，其实只能直奔主题——充分重视体验与感受。

尤其在物质过剩的时代，谁意识到体验与感受的重要性，谁就可能是“王者归来”。科技、人文、经济、政治、社会等领域的发展，都要重视和尊重人类的体验与感受，以之为出发点，以之为最终归宿，概莫能外。

认识到这一点非常重要。人类文明的进步，以追求物质文明而展开，但落脚点从来都在精神文明方面。物质文明是客观的，但精神文明是主观的。当人们最终以善恶的价值判断来评价文明的结果，比如把自由、平等、公平、正义作为价值体系的内核，把正义与否、幸福与否作为经济社会发展成败的评价标准，尊重人类主观的感受就显得非常重要。

① 关于大脑幸福机制，可参阅肖仲华：《大脑幸福机理与完善论幸福观》，《自然辩证法通讯》2013 年 3 月第 35 卷第 4 期。

第2章　人类行为的逻辑

人类的行为指人类曾经做过或正在做的那些事，前者属于历史，后者属于现实。无论是历史还是现实，人类的行为都是有目标和结果的。人类在不同历史时期的行为总和，表现为两种结果，一种是物质形态的制造，另一种是精神形态的创造，前者叫物质文明，后者叫精神文明。二者加在一起，我们称之为人类文明。

在上一章，我们讲幸福是人类的终极目标。实际上，幸福既是人类一切行为的终极目标，也是一切行为的出发点；幸福既是起点，也是归宿。

人类行为的目标是幸福，其结果是不是一定幸福呢？也未必，也可能是不幸福或者痛苦。历史上，许多人类行为导致的后果就是苦难而非幸福。但不管是不是幸福，结果一定是客观存在的。当我们用文明来描述这个结果，就产生了一种对应关系，即对人类而言，幸福是目标，文明是结果。

文明是为追求幸福而产生的结果，尽管未必是幸福的结果。厘清这个关系，对我们读懂人类自己，读懂人类的过去、现在和将来，都很重要。

作为结果的文明

关于文明的概念，人类至今没有给出一个统一和规范的定义。

西方的“civilization”这个词，拉丁文词根是“civ”及“civil”，对应英文是“citizen”。从词根看本义，“civilization”其实是指城市文明。正因如此，西方人对文明的界定包括三个基本要素，一是国家形态的存在，二是城市形态的存在，三是文字的使用。

按照这种界定，许多辉煌灿烂的文化，比如距今约 7000 年至 5000 年的仰韶文化中，尽管有文字符号，也有灿烂的彩陶，还有农耕和手工业（石器、骨器的加工），以及较完善的群居聚落和建筑，但它不是城市，严格来说没有达到西方人规定的 5000 人以上的城市聚落标准，所以就不是文明。

距今 5300 年至 4300 年的良渚文化有非常完整的城市形态，甚至有威尼斯式的水上交通网络，城市的规模也足够大，仅出土的粮仓储备粮就高达 20 多万斤，当时也有明确的农业和手工业分工，石器、玉器、骨器、陶器加工的作坊在城市里有清晰的布局。城外还有完善的灌溉农业，有水库和灌渠。还有宏大的祭坛和宫殿建筑，祭坛出土的玉器加工之精美令人叹为观止。如此辉煌的物质和艺术文化的创造，也不能称为文明，因为良渚文化虽然具备了国家和城市的基本形态，但没有发现文字的使用。

但有意思的是，我们在使用仰韶文化、良渚文化这类概念的同时，又通常把仰韶文化里作为物质和艺术创造的彩陶称为彩陶文明，把良渚文化里作为物质创造的灌溉农业称为农业文明，把作为物质和艺术创造的精美玉器称为玉器文明。这是不是很混乱呢?

今天，无论是东方人还是西方人，通常对文明与文化这两个概念混淆不清，同一个文明或文化遗存，一会儿称文化，一会儿又称文明。学者们似乎自己都搞不清到底什么是文明，什么又是文化。

究其原因，其实就是西方人对文明的界定出了问题。西方文明的源头在古希腊时期，那时候有城邦国家，有城市，有文字，这都符合“civilization”的内涵，所以是文明。

中国人最早讲文明的时候，是这样说的：“见龙在田，天下文明”（见《易传·乾·文言》）。这分明讲的是混沌初开，阳光普照，万物并作，人文开化。不管有没有国家，有没有城市，有没有文字，人类自远古时代就已经开始了物质的创造与情智的启蒙，那就是文明之始。

东西方对文明的理解显然存在很大的差别。哪个更合理？当然是中华文化里的文明概念更合理。

事实上，西方人也很纠结。比如传说中的亚特兰蒂斯，尽管只是柏拉图在《理想国》中描述的一个传说。近年来考古工作者也发现了某个沉没于海底的古代城市遗存很像柏拉图的描述，但目前并不能证明那就是亚特兰蒂斯，也未能搞清楚海底城市的规模以及国家形态到底如何，更未发现有亚特兰蒂斯文字。可是，西方人全然不顾他们自己对文明概念的界定，迫不及待地给出了一个“亚特兰蒂斯文明”的概念，而且毫不客气地把这种文明的时间定格于一万年前，甚至是人类诞生之前。

东西方的史学界，对历史的划分也普遍遵循了西方人设定的文明三要素要求，即把出现国家、城市、文字之后的历史称为文明史，此前的称为非文明史。可与此同时，他们又异口同声地把文明史以前的历史阶段称之为史前文明。真是自相矛盾。

鉴于文明概念的混乱，我们应该对文明进行重新界定，给出一个普适性的概念，以表达对人类自古以来在物质和精神方面的制造与创造的充分尊重。不管是什么东西，也不管发生在什么时候，只要是人类的创造与发明，或者说只要是人类思想和行为的客观结果，都应该是人类文明。这种文明观，与中华文化里的“见龙在田，天下文明”是一致的。

所以，文明其实就是人类创造的、自然界原本没有的一切东西，包括物质和精神两个方面，也包括创造本身（精神活动与物质创造）。只要是人类思想与行为的结果，是自然界原本没有的，就是文明。

请注意，文明是人类一切行为的客观结果，包括主观精神活动的客观结果。

作为工具的文化

西方的“culture”这个词，拉丁文词源是“cultura”，词根是“cult”，本义是耕作、培育、照顾等。它在1650年左右被引申为教化之意，即通过教育对人进行改变和培养，到1867年左右才被引申为“一个民族的集体风俗和成就”[①]。

这个文化概念与中华文化里的文化概念基本是一致的。中国传统的文化概念就是文明的教化，强调的正是对人类文明创造进行的知识传播和普及。“明”是认知和创造，这种认知和创造起源于对“日”“月”运行规律的认识。“文”是对“明”的符号化记录，“化”是对“文”的传播。

所以，文化其实就是对人类所创造的文明进行描述和传播的知识体系。这种知识体系基于语言和文字符号系统展开。文明有物质和精神两个方面，文化自然也有描述客观的物质创造和描述主观的情感与理性思想两个方面。前者叫技术（有了科学之后就

① 宋启军、鲁克园、刘绍忠：《“culture”的词源学视野及其启示》，《柳州师专学报》2011年第26卷第6期。

是科技），后者叫人文（有了科学之后就包括社科）。

哲学领域对文化的定义是人类的全部精神活动及其产品。这对不对？当然对。人类全部的精神活动不就是通过思想和认知来描述物质文明和精神文明吗？物质文明是认识和改造世界的劳动及其成果，对其描述就构成了技术以及后来的科学知识体系。精神文明是对人的思想、情感、关系以及人类社会运行与发展的认识和创造，对其描述就构成了今天所说的人文和社科。

今天人类的三大知识体系——自然科学和技术、社会科学、人文科学统统属于文化的范畴。人类依靠三大知识体系创造出来的一切成果都是文明，包括物质方面和精神方面，而描述这种创造及其结果的知识体系就是文化。

尽管文化是人类思想和行为的客观结果，它本身作为描述文明的知识体系也是文明的一个部分，但请注意，对整个人类社会的发展和进步而言，文化更应该被理解为一种工具——描述和传播文明的工具。

人类行为的逻辑

我们在厘清文明和文化的概念范畴及其相互关系后，就能更好地理解人类行为的目标与结果之间存在的逻辑关系。

不管是鸿蒙时代民智初开的人类，还是今天的智慧人类，其行为首先都是基于最基本的生理和物质需求。在生理和物质需求得到满足之后，又会有更高级的需求产生。

初级需求的满足可以依靠丛林法则，弱肉强食，满足者生存并快乐，不满足者痛苦甚至死亡。可是，强中更有强中手，丛林法则之下，生命和财产的安全保障相对较弱。这促使人类开始思考如何保障生命和财产安全，因而保障安全成为一种新的需求。这就有了从部落社会到国家形态的发展与进步。部落社会和国家开始构建伦理和秩序，并基于伦理和秩序的需要逐渐产生道德规范，基于道德规范又逐渐演变成强制推行的法制，这就逐步走向了文明时代。

有了社会和国家形态之后，人与人的关系也由原始的男女爱情或儿女亲情逐渐向复杂的生产和经济关系演变。分工协作需要同情与理解，同情与理解的能力提升后，慢慢就有了爱的情感与思想，人们开始懂得关心和爱护他人，同时也寻求被人关心和爱护。这种关心和爱护逐渐超越了家庭的范围，趋向社群乃至整个社会。这种状况的形成导致爱和归属感必然成为一种新的需求，为满足这种需求，国家作为一种文明形态就应运而生了。国家就是由家及国，视国为家，这是早期爱和归属感得到满足的体现。我们知道，在秦始皇开始推行中央集权制之前，“国”这个概念其实就是族群聚落，如商代的方国，西周至春秋战国时期的诸侯国，它们并没有后来那种完善的国家结构。这也正是中华民族传统家国观念的根源所在。

随着经济和社会的发展，财富的市场化分配必然会带来贫富差距。毕竟人有天赋和能力差别，自然地，市场竞争会导致强者多得。国家也自然会出现阶层的分化，统治者与被统治者之间不再那么有爱心，强权开始霸凌。人们或至少部分人发现自己并没有受到所归属国家的足够重视，于是受尊重的需求又开始浮现。这就需要国家制定合理的分配制度，在强调贵族阶层的仁爱思想和伦理道德的同时对霸凌行为进行约束和惩罚，这就促使礼制社会的文明形态开始出现。

每当有新的需求出现，人类自然就会寻求这种需求的满足。这种寻求满足的努力及其结果，就会引起新的文明形态的诞生。人类就是在这种不断追求需求的满足，又在需求满足后产生新的需求的模式中不断走向一个又一个文明阶段的。

我们称简单需求的满足为简单的快乐，称复杂需求的满足为幸福。人类在追求幸福这个没有极限的终极目标的过程中，不断地创造了各种文明形态。所以说，对人类而言，幸福是目标，文明是结果，文化则是工具。

这就是人类行为的逻辑，这个逻辑贯穿于整个人类文明史。

第3章　需求变化与文明转型

人类行为的宏观体现固然是追求幸福与文明进步，若进一步解读这种逻辑关系，可以发现，它其实表现为人类需求结构的变化通常会导致经济结构的变化，经济结构的变化又会导致社会结构的变化，最终导致经济基础和经济关系的变化。经济基础和经济关系的变化，决定了社会文明形态的变化。

到底是什么改变了欧洲

西方社会自从进入中世纪，在长达千年的时间里，基本上处在封建农奴制的社会形态，经济社会发展状况相比同时期的东方尤其中国有一定差距。直到大航海、“三大思想解放运动”和工业革命的到来，西方社会才有了翻天覆地的变化。

今天，人们总结西方工业革命的到来，基本都归因于“三大思想解放运动”。实际上，工业革命的到来，更多基于大航海和大贸易时代取得的辉煌成就。

在两汉与古罗马时代，中国与西方的贸易就很兴盛，但欧洲并没有同中国进行直接的贸易，而是通过早期的波斯帝国、马其顿帝国以及后来的拜占庭帝国和阿拉伯帝国等进行转口贸易。欧洲人钟爱的丝绸、茶叶、瓷器和香料，都要通过地处中东、西亚和东欧的国家居间转手，存在溢价现象。

对于中世纪以前的欧洲人而言，东方的中国和印度就是他们心中的天堂。尤其元代初年，马可·波罗来到中国，写了那本著名的游记，更是扰动了欧洲人的小心脏。欧洲人不敢相信世界上真有这么美好的地方。虽然他们对产自中国的丝绸、茶叶和瓷器十分钟情，但他们从来不知道中国到底是个什么样的国度。他们不相信马可·波罗的描述，认为马可·波罗在撒谎，当时的教廷甚至还以欺诈罪判其入狱。

然而，东方蒙古帝国的崛起是千真万确的。1252 年，成吉思汗的孙子旭烈兀奉其兄蒙哥汗之命西征，在征服了波斯、小亚细亚后，于 1258 年攻占了阿拉伯帝国首都巴格达，阿拉伯帝国灭亡。

阿拉伯帝国的灭亡给了长期同伊斯兰世界对峙与交战的基督教欧洲难得的喘息机会，长期被阿拉伯帝国占领和统治的部分南欧国家开始独立[①]。1297 年南欧的葡萄牙率先在欧洲独立。

---

① 关于蒙古人入侵和阿拉伯帝国灭亡以及大航海时代到来的历史，可参阅 [英] 诺曼·戴维斯:《欧洲史》(上、下卷)，郭方、刘北成译，世界知识出版社 2007 年版，第 272–367 页。

葡萄牙和西班牙等国被阿拉伯人统治了 700 多年，学会了阿拉伯人的航海技术。独立后的葡萄牙最先开启了大航海时代。大航海的目的，首先是要打通葡萄牙与东方中国和印度的直接贸易通道。受当时航海技术所限，葡萄牙人未能远航亚洲，而是占领了地中海南岸的北非地区。

到 1415 年，葡萄牙已基本占领了非洲主要城市，成为欧洲历史上第一个殖民主义帝国。葡萄牙在非洲抢掠黄金，贩卖黑奴，开启了残酷掠夺的殖民统治模式。从非洲掠夺的黄金、黑奴和各种物资，使葡萄牙很快崛起并成为当时欧洲最强大的帝国之一。大航海、殖民与掠夺致富，很快成为欧洲人向往的人生目标和经济社会发展的新模式。所谓“重商主义”正是在这样的背景下诞生的。

请注意，今天的史学界普遍认为文艺复兴才是欧洲走出黑暗的中世纪，迈向工业文明和政治文明的原因。实际上，葡萄牙独立并开启大航海时代后，开始在非洲建立殖民地，掠夺巨额财富，导致“重商主义”思想、殖民主义模式兴起，新兴资产阶级诞生，促使追求财富成为欧洲人新的理想与信念。

葡萄牙的大航海导致新兴资产阶级的诞生，这要比文艺复兴的真正到来早约一个世纪。“欧洲文艺复兴始于 15 世纪”①，并没有欧洲史学界主流思想所认为的那么早，更不可能早到他们声

① [美] 比尔·伯林霍夫、费尔南多·辜维亚：《这才是好读的数学史》，胡坦译，北京时代华文书局 2019 年版，第 296 页。

称的 13 世纪但丁所在的时代。1453 年东罗马（拜占庭）帝国灭亡之后，大批古希腊、古罗马艺术品随着东罗马贵族和知识分子的流亡散落到欧洲各国，彻底打开了中世纪欧洲人封闭的思想，这才使文艺复兴到来。在这之前，葡萄牙已经对非洲进行了将近一个世纪的殖民与掠夺，思维和眼界受到财富的欲望冲击变得更加开阔。

1498 年，葡萄牙终于打通了往来印度的贸易通道，在菲律宾、印度设立了殖民据点。1521 年葡萄牙到达中国南海，与明朝军队爆发“屯门海战”，明朝军队大获全胜。

1492 年，西班牙也完成独立和统一，开始学习走葡萄牙大航海和殖民主义路线。西班牙国王启动了大航海工程，支持哥伦布的航海计划。

哥伦布的目标是中国和印度。为了避开葡萄牙海军，哥伦布选择了向西航行。当然，这也基于当时“地球是圆的”论断已经得到了哥伦布的认同。没想到哥伦布居然发现了美洲大陆。哥伦布发现美洲大陆的结果是西班牙人在美洲找到了蕴量丰富的银矿和金矿。

通往东方和美洲的新航线，开启了西方世界和全人类社会大变局的序幕。来自中国的丝绸、茶叶和瓷器，来自印度的香料，以进销差价近 40 倍的利润，很快为葡萄牙带来了巨大的财富。西班牙从美洲找到的白银和黄金也开始大量涌入欧洲，直接导致了所谓的“价格革命”[①]。

欧洲采用金本位和银本位的复本位制货币制度。1502—1660年，西班牙人从美洲开采的白银高达1.86万吨，黄金高达200吨。在此后约300年时间里，美洲共出产13.3万吨白银，2703吨黄金。[②]

来自非洲、美洲、亚洲的巨额财富涌向欧洲，欧洲人一下子变得富有。其后果有两个：一是物价飞涨，这导致了所谓的“价格革命”；二是开始出现了极为富有的金融资本家。物价飞涨是因为产能不足，钱多货少，所以欧洲开始拼命地从东方市场进口商品，导致大约1/3的白银流入中国，促使明王朝的货币制度也开始转向银本位和金本位制，而无法继续宋元时期的纸币游戏了。

金融资本家当然不满足于贸易上的买进卖出，他们开始关注生产领域，希望能资助工矿企业改进技术，提高生产力。所以，在大航海开始后约200年（1698年），可实用的蒸汽机诞生了。蒸汽机最初是用于矿井抽水的，1769年经过瓦特改进后，才得到广泛的推广应用。

蒸汽机的发明同人类历史上大部分的技术发明一样，本没有什么特别之处。但是，蒸汽机诞生的时代，正是牛顿尝试用数学

---

① 有关“价格革命”及从殖民地掠夺的海外资本大规模进入欧洲的情况，可参阅厉以宁：《厉以宁讲欧洲经济史》，中国人民大学出版社2015年版，第148页、第200–201页。

② 相关数据可参见韩青、高先民、张凯华：《贸易战争》，四川教育出版社2011年版。

解释自然哲学问题的时代，一部《自然哲学的数学原理》(1687年)开启了科学时代。另外，尽管蒸汽机的发明与祖冲之的“千里船”发明同样是为提高动转效率而进行的机械技术发明，但蒸汽机第一次通过能量的转换，把人类从劳动中彻底解放出来，实现了人类梦寐以求的“自动”和“永动”功能，彻底改变了人类的生产方式。

金融资本家的诞生，还导致了欧洲银行业和金融业的出现。1580年开始，欧洲陆续出现了现代银行。与宋代官营“交子”不同的是，欧洲的银行业是金融资本家们自发形成的，是私营的。他们开启了存款和借贷业务，也开启了投资业务，甚至还开启了证券业务。

除了贸易、科技、生产和金融方面的变化，更大的变化是制度和社会形态方面的。由于出现了一大批较为富有的资本家，自然就出现了所谓的资产阶级，他们与昔日的封建君主和领主不同。资本家仅仅是有钱，而君主和封建领主们不仅有地，还有权力和地位。有钱的资产阶级开始不满足于只有钱，“人是英雄钱是胆”，他们的欲望和需求自然开始膨胀，他们需要安全感，而安全感最可靠的保障来自政治上的话语权。

争取话语权就得挑战当时欧洲的最高权力机构——教会，这导致欧洲宗教和文化领域也开始出现重大变化。1517—1648年的100多年时间内，宗教领域发生的改革冲击着教会势力，路德、加尔文等人领导的宗教改革直接向教会至高无上的权力和宗教道德束缚开战，迎合了人们追逐财富的欲望。

总之，随着大航海带来的巨量财富涌入欧洲，资产阶级逐渐崛起。他们在金融、科技、宗教文化和政治诸领域开始多方位地渗透，最终使欧洲产业结构和经济基础发生了巨大变化，并导致了所谓“光荣革命”（1688 年）、法国大革命（1789 年）等资产阶级革命的爆发，社会文明形态随之发生了根本性的转变。

这一切变化，是新兴资产阶级在拥有巨额财富后引起的需求结构的变化。他们在安全、归属、尊重诸方面的价值诉求以及资本和财富上的绝对实力决定了他们参与政治、争取话语权的欲望和需求的迅速膨胀。

历史的真相尽管扑朔迷离，但其实是有因果逻辑的。

欧洲的史学家们为了证明欧洲的崛起是因为文艺复兴，所以想办法将文艺复兴运动的时间往前推。先是将其推到第四次十字军东征（1202—1204 年），认为当时西欧人抢掠了东罗马帝国收藏的珍宝和藏书，使贵族阶层第一次看到了古希腊和古罗马的文化宝藏，开阔了眼界。后来又将其归功于但丁等艺术家，认为但丁的《新生》（创作于 1292—1293 年）、《神曲》（创作于 1307—1321 年）等作品已经显露出人性的光辉，对欧洲文化启蒙起到推动作用。或者认为是《马可·波罗游记》（创作于 1298 年）对东方社会的介绍推动了欧洲文化启蒙。我们不能否认这些早期文艺作品的客观存在，问题在于古希腊时代就有苏格拉底、柏拉图和亚里士多德的哲学思想，文艺复兴也正是要复兴到那个时代。可古希腊思想的光芒并没有引领古希腊走向工业革命。

人类社会进步的逻辑是物质决定精神，生产力和经济的发展促进思想和社会的进步，而不是相反。没有蒙古人崛起后对世界的冲击，没有葡萄牙的独立和大航海时代的开启，没有大航海带来巨大的财富效应以及新兴资产阶级的崛起和“重商主义”的流行，没有新生的金融资本家对科技和工商业的投资，光靠文艺复兴是不太可能引发后来的宗教改革、启蒙运动和工业革命浪潮的。

大航海真正开拓了欧洲人的视野。欧洲人从非洲、美洲、亚洲掠夺财富的同时，也认识了当时人类最文明和最发达的东方的中国。“光荣革命”前夕，致力于思想启蒙的人们编写了一些讲解常识的小册子（《大英百科全书》的前身），其中讲到这世界上有个国家可以通过科举考试入仕做官，那个国家就是传说中的中国。

宗教对人类欲望的禁锢一旦被“重商主义”冲破，欲望和需求的膨胀就随之而来。从发财致富到致富后更多的欲望出现，欧洲社会整体的经济结构和社会形态就不可避免地要发生革命性的变化。

所以，要问到底是什么改变了欧洲，答案应该是：蒙古人改变了欧洲；战争改变了欧洲；大航海改变了欧洲；资产阶级的崛起改变了欧洲；“重商主义”思潮的兴起改变了欧洲；“重商主义”思潮唤醒了人性，欲望之门的洞开改变了欧洲。然后才是“三大思想解放运动”和工业革命改变了欧洲。前者是因，后者是果。前者改变的是人类的需求结构，后者是需求结构改变带来的必然变化。

工业革命和资产阶级革命使劳动生产力得到巨大提升，人类开始摆脱物质匮乏，迈向相对过剩的时代。欧洲社会也进入工业经济主导的工业社会，形成资本主义的文明形态。相对过剩是通过战争和殖民方式的市场扩张来解决的，这就导致了殖民主义经济社会结构和文明形态的出现。在经历了两次世界大战的洗礼后，人类才真正进入了现代文明社会。

中国传统社会靠什么稳定

通过前文对欧洲社会变化原因的分析，我们可以得出的结论是：人类需求结构的改变必然导致社会形态（文明形态）的改变。但是，从需求结构的变化到社会形态的改变，并非一蹴而就，这中间有一个复杂的连锁反应过程。

中国古代的“四民”（士、农、工、商）社会结构异常稳定，在没有天灾人祸的情况下，很少发生变化。即便发生外敌入侵和战乱，社会在经历一段时间的动荡后又会恢复稳定状态。这种超强的稳定状态持续了两千多年。稳定的原因固然可以从文化和民族特性等方面去解释，但根本之处就是社会需求结构的相对固定。

农耕社会的文明形态和田园生活方式两千多年始终如一，士、农、工、商各司其职，皇族、贵族和士族构成王法体系与贵族社会，乡绅和族群构成宗法体系与宗族社会，两级社会结构各成体系，又相互交融，彼此相安无事。

“四民”社会结构的中坚力量是“士”（士大夫阶层），即通过科举而步入仕途的读书人。一方面，士大夫们在中央和地方政府里负责行政和司法事务，代表皇权参与社会治理；另一方面，士大夫们又多来自乡绅社会，是乡绅社会的灵魂和核心。

这种社会结构稳定的原因主要在于社会需求结构的稳定。一般而言，皇族和贵族们过着穷奢极欲的生活。这些贵族子弟多数不学无术，富而无脑，贵而无智，除了生理和物质的需求无限地膨胀与得到满足之外，并无更多的想法，当然皇权社会的特质也不允许他们有更多的想法。不仅中国如此，罗马帝国及中世纪的贵族阶层也大多如此。

对于乡村社会而言，男耕女织的田园生活能衣食温饱、子孝兄悌，人们就很满足。由于劳动生产力水平的限制，土地产出主要依赖气候的风调雨顺。总体上，除了部分乡绅阶层，多数自耕农和小地主的生活只能满足温饱。能供养子女接受比较好的教育，以便通过科举入仕就是一个家族最大的希望。佃农或贫雇农就更不用说了，他们连温饱都是问题。这样的乡村社会，基本处于追求生理和物质满足的状态，不太可能有更多的想法。

有更多想法的，恰恰是中间的士大夫阶层。士大夫们饱读诗书又科举进仕，既是知识精英，也是政治精英，同时又是乡村社会的绅士阶层。这些人不仅衣食无忧，还有思想和理想，有吃饱穿暖后的归属、尊重、表达、参与以及自我实现的欲望与需要。

中国传统社会最令人惊奇之处，就在于这种精明甚或精巧的社会结构。科举进仕，为知识分子开辟了一个满足更多欲望与需求的通道。精英阶层和社会上的明白人稳定了，社会就稳定了，这是中国与西方社会最大的区别。西方社会自古希腊、古罗马到中世纪都没有“士”这个阶层，除了国王和王室贵族，就只有农、工、商以及后来的骑士阶层。这也正是西方传统社会经常战乱、动荡与变革的原因。

尽管古希腊很早就出现了所谓的“公民大会”，出现了苏格拉底、柏拉图、亚里士多德等一大批知识分子，但社会结构并不能给他们提供足够空间来满足欲望与需求。“公民大会”实际上主要掌握在贵族阶层手中，社会各界的参与（主要是自由民和知识分子阶层，奴隶是没有参与权的）流于形式。知识分子阶层即便能提出《理想国》中关于社会重构的观点，也并不能被社会所接受。知识分子更不可能像当时中国的士大夫一样，直接参与管理国家事务，并成为社会的中坚力量。古希腊对知识分子采取的是迫害与镇压的政策，即便是苏格拉底这种伟大的知识分子，也不能在“公民大会”上发表意见，只能走上街头慷慨陈词，并因此被处以极刑。

中国士大夫阶层的形成，决定了中国传统社会的本质就是“四民”社会。士大夫作为社会的中坚力量，地位显然与古希腊“公民大会”成员有天壤之别。

严格说来，需求结构决定社会结构，而不是相反。当然，社会结构反过来也影响需求结构的变化，二者是相辅相成的辩证关系。

古希腊知识和思想大爆炸与中国春秋战国时期知识和思想大爆炸几乎处在同一时期，中国只是相对要早一点。比如孔子死后十年，苏格拉底才出生，二人知识和思想体系的形成，大致相差一个世纪。春秋战国时期，中国出现了诸子百家。这些人为什么会成批出现？同时期的古希腊知识分子为什么也是成批出现？

自周王朝立国至春秋战国时期，中国经历了数百年相对稳定的发展，经济和文化取得了相当大的进步，社会上出现了一个新兴群体——知识分子或智识分子群体。周王朝动荡的主要原因，就是世袭罔替堵塞了人们尤其是知识分子的上升通道。当时两个最主要的“野蛮之邦”（早期是楚，晚期是秦）不守规矩，就是因为不满足于周王朝的分封和世袭罔替。

楚国在西周初期就不满周王朝只封它一个小小的子爵，只有五十里封地，曾多次要求周王朝提高其爵位、扩大封地面积，但周王朝不予理会。于是楚国不守周王朝的礼制，到处攻城略地，还自封为王，与周王朝分庭抗礼，引发诸侯混战。秦国崛起后，比楚国更无视周王朝及其礼制的存在，攻城略地更是不择手段。这两个“野蛮之邦”对周王朝礼制的冲击，导致春秋尤其战国时代的全面战乱。这种战乱的根源是世袭罔替的制度缺陷。正是这种乱局为知识阶层的崛起创造了机会。

面对诸侯间的争夺与战乱，知识阶层作为最明白事理的阶层之一，有了表达和参与的欲望及需求。这些人有了用武之地，所以就有了“游侠”“纵横家”等在各诸侯国出将入相的风气。在春秋战国时代的社会大变局中，知识分子充当了真正的思想先锋，在社会结构与形态的变化中获取了足够的地位，也就是士大夫阶层的崛起和士族社会的形成。

中国从春秋战国开始就允许“游侠”“纵横家”们出将入相，汉以后干脆开办“太学”“府学”“县学”，大力培养知识分子，让他们通过“乡举里选”进入士大夫阶层。汉代的“乡举里选”就是“举孝廉”机制，主要依据儒家思想来考察候选人品德，由乡举（即基层举荐）和里选（即朝廷选拔）相结合培养士大夫阶层。这是历史上最早的平民进入士大夫阶层的制度设计，为汉王朝的强盛奠定了制度基础。

但是，由于过于看重儒家强调的思想品德，“乡举里选”实施多年后，逐渐形成了道德作秀的风气。为了表现儒家所要求的“孝”字第一，许多人开始对父辈表现出极端的“孝顺”：生前言听计从，死后倾家荡产式厚葬，以体现“孝”的道德水准。这导致汉代大量的财富被当作随葬品埋入了地下，严重影响国民经济的发展。所以，到了魏晋南北朝时期，这种“乡举里选”逐渐被曹魏的“九品中正制”取代。

所谓“九品中正制”，就是把读书人分为“上上”“上中”“上下”“中上”“中中”“中下”“下上”“下中”“下下”九个等级，然后按等级任职或者弃用。这种将读书人分为三六九等的做法无疑是对人群进行一定程度上的阶级划分。那些被划分为下等品级的人可能永远都没有上升的机会和空间。尤其在原有士族阶层已经形成豪门望族，成为新兴贵族阶层的情况下，道德评价的权力为他们所掌控，直接导致了门阀政治局面的形成，社会制度重新回到了世袭罔替制。这也为该时期的社会动荡埋下了祸根。那些没有机会的读书人要么沦为门阀势力的依附者，要么走上了反叛的“革命”道路。

针对门阀政治的弊端，隋朝开始实行科举制度，希望通过科举考试来选拔寒门士子进入士大夫阶层，以制衡门阀势力。

唐以后科举制度得到了完善和推广。兴学堂，开科举，建立三省六部的官僚体制，形成了完全依赖士族群体的官僚体系，也形成了以士族社会为中坚力量的“四民”社会形态，促进了社会的稳定与发展。这种稳定，既表现为国家内部的安宁，也表现为对外没有扩张的欲望。其原因就在于作为文明开化的知识精英们成为社会中坚力量，他们的各种欲望——从物质层面到精神层面，在这种社会体系内都能够得到充分满足。他们不闹事，社会就稳定。

西方为何从野蛮走向文明

秦汉之前的中国是诸侯分封制，古罗马之前的古希腊是城邦自治，两者在经济社会发展到一定程度后出现的社会问题也很类似。古希腊经历了残酷的城邦战争，雅典与斯巴达打得一塌糊涂，但是，雅典贵族阶层并没有给予知识阶层参与和表达的机会，而是对其进行残酷的镇压与迫害。因此，西方社会没有形成士族阶层，更不会形成士族社会。知识分子的欲望与需求得不到满足，于是他们纷纷走上街头。这推动了街头政治和暴民政治的诞生。苏格拉底就是街头演说的先锋人物。对知识分子的不尊重，正是西方社会进入黑暗中世纪的根源之一。

从这个角度看，社会结构的变化不一定使需求结构发生变化，但需求结构的变化一定会影响社会结构的稳定。满足和适应需求结构的变化，社会结构与形态就会相对稳定；不满足、不适应需求结构的变化，社会结构与形态就会发生变化。需要特别注意的是，在物质匮乏时代，这种需求与满足主要体现在作为社会中间阶层的知识分子身上，他们才是社会稳定的基石。这一点，在欧洲从中世纪走向工业革命和殖民时代的历史中体现得更为明显。

大航海和金融资本家的诞生，催生了工业革命和资产阶级革命，最终引起西方社会结构和文明形态的彻底变革。工业革命使西方迅速从贫穷落后走向富强，但这一过程始终伴随着战争与掠夺。大航海的开启，正是由于知识阶层长期被教会统治压迫，为寻找出路而凭借自己掌握的知识进行探险，渴望通过寻找财富来改变自己和国家的命运。最早开始大航海的葡萄牙人恩里克和后来的达·伽马、麦哲伦，以及西班牙的哥伦布，都是当时社会的知识精英。当然，与古希腊的知识精英们有所不同，在中世纪长达千年的教会统治之下，大航海时代欧洲知识分子的知识也仅限于地理知识和航海知识，以及从蒙古人那里学来的火枪、火炮等制造技术。

相较于同时期的东方古国而言，欧洲知识分子缺乏的恰恰是人文知识。尽管西方史学界一直想把文艺复兴的时间前推到大航海之前，以证明是先有了人文觉醒，然后才有了大航海乃至工业革命，但无论是客观历史事件的发生顺序，还是大航海和殖民掠夺的史实，都无情地证明了欧洲是通过大航海先发财致富，然后才“仓廪实而知礼节”。这个内在逻辑是中国人两千多年前就已经懂得的常识，今天已经成为幸福学的基本原理了。

在技术知识的武装下，人类一旦有了冲破宗教禁欲的勇气，追求财富的欲望之门就会被打开，走出去掠夺财富就会表现出惊人的能量和巨大的破坏力。

我们不能说资本的积累一定是罪恶的，但西方资本主义的原始积累的确罪行累累。如果承认大航海带来的巨大财富是资本形成的根本原因，如果承认资产阶级革命是金融和产业资本家们抢夺话语权的革命，如果承认从大航海到殖民时代的扩张与掠夺是血腥和残酷的，那么马克思对西方资本主义原始积累罪恶的论断就是客观公正的。马克思曾经说，资本主义“这种剥夺的历史是用血和火的文字载入人类编年史的”[①]，“资本来到世间，从头到脚，每个毛孔都滴着血和肮脏的东西”[②]。马克思讲的罪恶的资本原始积累并非指一般意义上的资本积累，而是指“圈地运动”和大航海时代开始的资本原始积累，这与史实是相符的。历史证明，无论是英国“圈地运动”对本国农民的掠夺，还是大航海时代葡萄牙、西班牙、荷兰、英国、法国等欧洲国家对美洲、亚洲、非洲的侵略与掠夺，西方资本主义的原始积累的确是血腥和残暴的。

大航海时代到处开疆拓土的那些人，基本都是怀抱发财梦想，拥有抢掠心态的知识狂人。哥伦布先后游说过英国、法国、意大利和葡萄牙，但都被拒绝，原因是他提出的要求包括“航海司令”头衔、10%战利品回报、发现的各个国家的总督职位和权力作为世袭特权授予其后代。这些要求都表明大航海就是出去抢掠。刚刚独立和统一的西班牙国王有着与哥伦布同样的梦想，他几乎答应了哥伦布的所有条件，这才有了西班牙大航海时代的到来。

无论是早期的葡萄牙还是后来的西班牙、荷兰、英国、法国，除了掠夺黄金、白银等财富，还从事黑人奴隶交易。大航海

---

①《马克思恩格斯全集》，人民出版社2007年版，第23卷第783页。

② 同上，第829页。

时代的黑人奴隶交易导致非洲至少损失 1 亿人口。仅 15 世纪中叶开始贩卖到美洲大陆的黑人达1000万～1500万人[①]，或者1100万～1200万人[②]，在交易中被杀的黑人也超过1000万人。这些数据尽管不太准确，但长达 400 多年的黑人奴隶交易犯下的滔天罪孽是洗刷不掉的。

欧洲殖民者在美洲大陆到底屠杀了多少印第安人，我们已无从知晓。根据一些史学家的估算，截至 1807 年，西班牙殖民者在中南美洲屠杀的印第安人超过 1300 万人，葡萄牙在巴西地区屠杀的印第安人超过 1000 万人，英国和后来的美国在北美屠杀的印第安人也超过 500 万人。这些数据未必确切，但我们可以通过一些经济分析进行估算。

人口与土地的生物承载力有着密不可分的关系。正常情况下，人口与土地的粮食产量成正相关关系。比较大航海时代欧洲和美洲的土地产量、人均土地需求量和占有量，可以推算出当时美洲大陆原有土著印第安人的人口基数。

有西方学者认为，1770 年美国 13 个州（不包括印第安人）的人口就已经达到250万[③]。依据饮食习惯和土地产能，当时欧洲的土地需求是人均 2 英亩（约 12 亩，0.008 平方公里），但美洲

---

①[美]乔森纳·休斯等:《美国经济史》，上海人民出版社 2013 年版，第 52 页。

②[美]拉尔夫·A. 奥斯丁:《非洲经济史》，上海社会科学院出版社 2019 年版，第 138 页。

③[美]乔森纳·休斯等:《美国经济史》，上海人民出版社 2013 年版，第 3 页。

印第安人对土地的需求是欧洲人的1000～2000倍[1]，即人均占地2000～4000英亩（1.2万～2.4万亩，8～16平方公里）。这个数据显然太过夸张。常识告诉我们，当时的美洲才是那个时代人类最丰富的粮仓，因为土豆、玉米等美洲农作物的产量是欧洲小麦产量的40倍以上。正是因为土豆、玉米等农作物传入欧亚大陆，才导致欧亚大陆人口开始膨胀。中国在两千多年不变的社会结构下，直到清乾隆时期人口才过亿，此后急剧增长，原因就是美洲高产的土豆、玉米等农作物传入了中国。所以，美洲印第安人的人均土地占有量绝不可能如今天西方学者估算的那样夸张。当时的美洲还没有畜牧业，没有牛、马、驴等大型动物，只有羊驼等小型动物，这更说明美洲的土地产出远高于欧洲。

如果否认当时美洲土地农作物产量是欧洲的40倍，我们可以把这一数据反过来——欧洲土地农作物产量是美洲土地的40倍，那么美洲印第安人人均需要的土地占有量就是80英亩（480亩）。假设没有畜牧业也没有机械化耕作的印第安人人均拥有480亩土地，可用于耕作或者狩猎，依此计算，整个美洲大陆4200万平方公里土地上，原有土著印第安人约1.3亿。

这个数据与一些学者的估计比较接近。原本人口过亿的印第安人，在经过欧洲移民几个世纪的屠杀之后，至今也只有约4000万人。

---

① Stanley Lebergott，The Americans：An Economic Record. New York：W. W. Norton，1984，p.16.

美国夏威夷大学教授Stannard. David E.在其著作《美国大屠杀》一书中披露了美国人屠杀印第安人的残酷事实。美国人屠杀印第安人长达一个多世纪，几乎使北美印第安人灭绝。美国最伟大的四位总统，乔治·华盛顿、托马斯·杰斐逊、亚伯拉罕·林肯和西奥多·罗斯福，都参与过屠杀印第安人。

1807年，《独立宣言》的主要起草人托马斯·杰斐逊指示他的战争部门："如果印第安人反抗美国人获取他们的土地，那么对印第安人的反抗就要用短柄斧头反击""如果我们约束自己不去举枪迎向这些部落，那么在这些部落灭绝之前我们将不会安静地躺下，甚至被驱赶出密西西比河以外""在战争中，他们也会杀死我们中的某些人，但我们会杀死他们全部"。[①]

1814年，美国詹姆斯·麦迪逊政府参考1703年北美各殖民地议会制定的屠杀印第安人的奖励规定，重新颁布了法令。其中规定：每杀死一名12岁以下印第安人孩童或者杀死一名印第安人妇女，政府奖励50美元；每杀死一名12岁以上青壮年印第安人男子，政府奖励100美元。

不管美国的《独立宣言》和《人权法案》写得多么"高大上"，美国及欧洲国家在美洲和非洲大陆犯下的反人类罪行，远远超过希特勒对犹太人的迫害和屠杀，也远远超过人类历史上任何时期的大屠杀。如此残酷的屠杀，根本原因是为了抢掠土地，追

---

① Stannard. David E., American Holocaus. New York：Oxford University Press，1992. pp. 118–121.

逐财富。

欧洲对世界的掠夺一直持续到第二次世界大战结束，历时500多年。这场由大航海开启的侵略与掠夺的狂潮，基于人们对财富的追逐，掠夺过程中诞生的资产阶级主要是商人、金融资本家以及后来衍生出的产业资本家。这些人逐渐成为西方社会的领导者和主宰者，从而引发西方社会结构的根本性变化。

当西方无休止的扩张和殖民地争夺演变成两次世界大战后，西方社会才开始了真正的反思。当然，此时的西方社会经历了500多年的掠夺，已经变得很富足了。所谓“仓廪实而知礼节，衣食足而知荣辱”，人类变得富裕之后就会有情感需求。情感是文明之始，是野蛮人向文明人转变的动力所在。

巨大的战争灾难促使西方人开始思考对安全的需要：除了无休止的利益争夺，是否有促使人类和平共处的共同价值平台？这些思考促使战后以美国为首的西方社会开始试图构建世界新秩序。

当然，人类反抗资本主义掠夺与剥削的斗争也从未停止过。在资本主义扩张过程中，诞生了马克思主义学说和思潮，并掀起了社会主义革命和共产主义运动，对西方资产阶级形成巨大的冲击。二战后欧洲转向普遍的福利主义路线，英美等国走向全民普选的民主新时代，这些都是对人类在经历了长期苦难后出现的新需求较全面的回应。

经过多年的殖民掠夺以及工业革命带来的经济高增长，西方社会最先进入物质过剩时代。西方最早体验物质过剩以及需求结构变化的，也正是当年靠掠夺致富的那些人。这是西方社会转型的根本动因之一。

物质过剩时代的主要特征不再是物质上的争夺与满足，而是更多转向了精神需求的满足。“社会主要矛盾已经转化为人民日益增长的美好生活需要和不平衡不充分的发展之间的矛盾”，这应该是对当今人类社会主要矛盾和问题的精准描述。这个描述和论断的背后，就是经济社会结构与文明形态如何与人类需求结构相匹配与相适应的问题。

第4章　科技人文与文明进步

通过前文的阐述，我们已经知道需求的变化会改变经济和社会结构，进而改变社会文明形态，提升人类的幸福水平。接下来的问题是，什么会导致需求的变化？

经济学常识告诉我们，需求不仅是需要，还是有购买力的需要。但有购买力并不意味着一定购买。只有当需求具备一定刚性时，购买力才可能变成实际的购买行为，亦即需求的满足行为。什么东西能促使需求具有刚性？严格说来，人类目前只发现一个东西有这种功能，那就是科技创新。科技创新能创造需求是因为发明出来的东西能改变人类的生产和生活方式，促使需求变得更具刚性。

科技创新与需求变化

在农耕社会，人们的基本需求就是衣食住行，生产资料的需求就是从刀耕火种走向牛耕马拉。尽管经历了石器、青铜器和铁器时代的文明进步，但人们的生产和生活方式并没有发生根本性的改变，原因就在于需求结构没有发生改变。

在西方工业革命到来之前的两千多年里，中华文明当之无愧是那个时代最灿烂的文明之一。中华民族除了“四大发明”，其实还有许多发明创造领先于同时代的全世界其他国家，只不过那时的人类还没有形成科学的思维范式。

技术的发明，能促进生产力的发展。生产力的发展，会促进经济增长，改善人们的物质生活条件。然而，“四大发明”也好，其他诸如数学、天文历法和机械设备方面的发明也好，并未达到彻底改变生产方式，促使人类从物质匮乏转向物质过剩的程度，因此没有带来需求结构和经济结构以及人类文明形态的根本性变化。

比如，印刷术的发明尽管极大地提高了人类读书学习的便利性，甚至产生了印刷行业这种新的产业形态，但并未带来生产力的大幅提高。目前出土的文物和传世文物均表明，在北宋、西夏时期，雕版印刷和活字印刷（武威出土了西夏木制活字，毕昇发明的是泥制活字）已经成为一个庞大的产业，大量的印刷品开始流行，比如“交子”纸币的印制与流通，各种书籍和文告的印刷与流通等。这种发明改变了印刷产业的生产方式，也极大地提升了文化传播的效率，在一定程度上满足了人们求知和学习的需求，但限于当时儒家教育和科举制度的整体格局，并未使社会经济结构发生根本性变化。

南北朝时期，祖冲之发明了最早的机船“千里船”。《南齐书·祖冲之传》记载，这种机船“不因风水，施机自运，不以人力”①，但这里的“不以人力”应该是不再需要人力划动桨橹，而是改为人力脚踏，通过齿轮转动实现木制叶轮转动进而驱动船舶。这为明代郑和下西洋时建造巨型船舶奠定了一定的技术基础，但由于没有在能源和动力上实现非人力的技术突破，终归不能彻底改变人类的生产生活方式。

青铜时代马车、马鞍和马镫的发明，彻底改变了战争方式，提高作战的效率。这也正是春秋战国时代出现社会动荡的原因之一。当诸侯国的国力和军力发生了改变，他们不再满足于最初的分封爵位。楚国不满足于一个小小的子爵爵位，而是想要侯爵、公爵爵位甚至王位，这是因为楚国掌控了大冶铜矿资源并拥有铜矿冶炼技术。楚国最先反周，甚至还打败了周昭王（周昭王溺死汉江），开了诸侯反周的先例，后来还一再问鼎中原，打破了西周早期的社会平静。诸侯国日渐强大的后果就是春秋战国时代的到来。秦国对弩机和箭矢的改进，以都江堰和“秦直道”工程为标志的技术创新，配以土地改革措施，使之很快成为霸主并最终

① 钱穆：《中国经济社会史讲稿》，北京联合出版公司 2016 年版，第 68 页。

统一六国。这是技术革新带来诸侯需求结构变化，并最终引发社会制度从封建制向中央集权制的转变。

当然，即便是封建制变成了集权制，以士族社会为主导的“四民”社会的形成，恰恰又成了社会稳定的基石，农耕社会的总体文明形态仍然没有发生根本性的变化，人们依然处于物质匮乏的时代。

从技术发明走向科技发明，是一次质的飞跃。尽管蒸汽机的发明（1679 年）也是技术发明，但这个技术发明的时代正是牛顿《自然哲学的数学原理》诞生的年代（1687 年），技术发明第一次有了依靠科学的范式来改进的可能。也正因如此，几十年后瓦特对蒸汽机进行了彻底改进（1765 年）。今天，人们之所以把蒸汽机的发明归功于瓦特，是因为瓦特的改进结合了科学的方法，符合科学的范式。实际上，如果从纯技术发明的角度看，蒸汽机真正的发明者应该是法国物理学家丹尼斯·巴本，时间是 1679 年。

科学依赖逻辑的力量一经面世，便成为人类文明史上最具解释力和创造力的知识系统，在科学武装下的技术发明犹如装上了飞翔的翅膀，开始一飞冲天。科学与技术的结合，开创了全新的科技时代。

科技是生产力，而且是第一生产力。在经历了机械工业革命、电力工业革命和电子技术革命这三次工业革命之后，生产力的突飞猛进导致人类开始进入普遍性物质过剩的时代。在物质过剩时代，超强的生产力往往导致现实经济活动中出现生产什么就过剩什么的情况。

1957 年，著名的索洛增长模型就已经证明，人类经济增长的唯一动力是技术创新，传统的货币政策和财政政策除了影响通胀，并无更多意义。正如在没有马车的时代，马车的发明会创造新的需求一样，此后的自行车、汽车、火车、轮船、飞机等无不成为新的需求和新的增长动力。今天的互联网和 IT 业，苹果手机和华为手机，以及 5G 技术，都能创造新的需求，并成为新的经济增长点。

我们必须注意到，一切科技创新之所以能创造需求，是因为通过创新发明出来的东西能够提升人类的生活便利水平。人类在解决衣食住行问题方面永远在追求更高的便利性和更高的效率，这才是工业革命和科技革命能够创造需求和引领经济的原因。

除了衣食住行，人类还有许多需求，尤其是精神方面的需求。人类需要思想，需要表达和交流，需要爱和归属，需要被尊重，需要自我实现。在这些方面，科技能在多大程度上给予满足呢?

互联网和信息技术革命，尤其是网络社交媒体的出现，很大程度上满足了人类交流沟通和表达的需要，这是一个十分成功的范例。除此之外，科技能否做到更多?

当然可以。基于 5G 技术的人工智能时代即将到来，它或将改变和颠覆人们对现实世界的许多认知，从而促使人类需求进一步发生结构性变化。

人文诉求与需求变化

物质过剩时代，人类需求的升级使得爱与归属、尊重和自我实现等问题凸显出来。这些价值诉求显然不属于物质需求，而是精神需求。精神需求能够依靠科技解决吗？从本质上讲，这些精神需求属于人文和社科领域的问题，科技似乎难以解决。

人文社科的问题，要靠人文社科来解决，在产业结构上，表现为更多需要第三产业来解决。所以，经济社会产业结构的变化，绝不只是单纯转向高科技产业那么简单。与日益增长的精神需求相对应的，应该是文化和服务业的高速增长。

所谓第一、第二、第三产业，在物质匮乏时代可以简单理解为养牛、杀牛和吃牛，但在物质过剩时代就没这么简单了。养牛不再是简单地产出牛肉和牛奶，人们更关心的是牛是否健康，并因此联系到牛肉和牛奶是否新鲜，是否有利于人的健康。于是就出现了原生态养殖，也出现了养牛还要播放音乐的现象，还出现了日本雪花牛肉之类的世界品牌。不仅牛肉上市出售出现了精细分解，牛肉食品的加工制作也出现了口味上的精分，如牛排有从三成熟到九成熟的不同类别，牛骨头的加工也有多种口味和品牌。

传统的第一、第二、第三产业都不再是简单的生产劳动，也不再是简单的科技创新和劳动生产率提高的问题。人这种生物的精神文化诉求，开始走向前台。汽车不只是交通工具，还必须能拉风耀眼。手机不只是通信工具，还必须充满美感。越来越多的人文和精神需求在冲击传统产业，这是人类需求结构的变化对传统产业造成的巨大冲击。第三产业，尤其是文化产业和服务业，更是备受这种需求结构变化带来的冲击。

人类早期对戏曲和文艺作品的追捧，本质就是为了满足对安全、爱、归属、尊重以及自我实现的精神情感需求，满足关乎自由、平等、公平、正义等的价值需求，满足对未来憧憬和希望的情怀需求。这些主题亘古不变，但表达和实现的方式在飞速变化。

精神和人文社科方面的价值诉求逐渐走向前台，这是大势所趋。与此同时，无论是第一、第二还是第三产业，科技和人文社科的完美结合，是现代产业的显著特征。

文化和服务的目标，就是为人们提供安全、爱、归属等较高层次需求的满足，让人们通过体验来感受他所需要的物质满足之外的价值。这种价值的体现并不是与物质享受完全分离的，而更多是一体的。所以，产业转型升级并非简单的转变产业方向，而是将各种价值诉求融为一体，融入新型产业之中，融入新的产品当中。这才是产业转型升级面临的真正挑战。

需求复杂化使得产业复杂化的典型案例是汽车制造。同样是汽车，日系车的整体设计更能体现东方人内敛而不失富贵感、柔美优雅而不失大气、舒适而不失节俭的价值诉求；相比之下，美系车的刚强和霸气固然舒适，但价值呈现太过夸张，不太符合中国人的价值观念。

苹果手机最成功的地方之一，未必是比别的手机更方便快捷的智能化功能；相反，苹果的封闭系统给用户带来了许多不便。但是，它的整体设计恰恰迎合了东方人的审美诉求。

诸如此类的例子很多。面对物质过剩时代的需求复杂化，人类从对功能和便利性的追求转向对审美等更多的价值诉求，对科技与人文的融合提出了更高的要求，这必然带来产业结构的复杂化，也必将引起社会需求和整体经济的结构性变化。

生产生活方式与文明进步

汽车改变了出行方式，智能手机改变了交流方式，社交媒体改变了表达方式，电商改变了营销方式，网上银行改变了支付方式，网购和快递改变了消费方式……总之，科技创新与革命无时无刻不在改变着我们的生产生活方式。

传统的行商坐贾被商超取代不过几十年时间，但后者很快又被电商和网购取代了。传统的餐饮服务和食品加工行业推广也不得不转向网络营销模式，连做方便面的也开始转向做外卖。所有的生产商都在慢慢放弃传统的营销模式，不得不转向网络直销。随着交通的快捷性和便利性提升，制造业的零部件配套不再需要过分集中的产业集群，而是可以依托网络平台和物流快递迅速地进行配套生产。

今天的中国人出门不再需要随身携带大量现金和各种银行卡，凭一部手机就可以走天下。无论是商超、酒店、集贸市场，还是路边小店、街边卖烤红薯的小摊；无论是祖国大江南北的任何一个角落，还是东南亚各国，几乎都可以用手机支付，既方便又安全。

生产生活方式的改变，必然带来社会文明形态的变化。

今天的中国社会，人们见面，朋友相聚，大多拿着手机在玩。人与人之间借助网络社交媒体太过方便的交流，也导致人们出现社交障碍，人们似乎不再需要见面交流了，或者见面了也无话可说，因为在网络上已经说完了。

除了工作，人们更多时间都宅在家里，家成了最重要的生活空间。这种变化，其实意味着经济与产业的方向已发生变化。人们更多时间宅在家里，家庭生活的便利和舒适自然成了未来产业的方向。所以，我们看到昔日生产家电的“海尔电器”已经更名为“海尔智家”，这意味着海尔集团对“科技创新改变人类生活方式”有充分的认识。而生活方式的改变反过来又推动科技创新和产业方向转变。

在家宅久了，人们又开始希望到外面的世界去看看。所谓“世界这么大，我想去看看”正体现了人们久宅之后，渴望到外面世界释放心情的心态。所以一到假期，人们开始出游，去感受大自然或者人文景观的魅力。这无疑又促进了旅游业的发展。

在城市的高楼大厦里宅久了，人们会认为工作场所和家居环境再精致也难免有被局限和束缚的感觉。于是人们不再只是去乡村享受一下乡土人情和自然生态，而是更愿意居住在宽敞舒适的民居里体验休闲自得的乡村生活，这也是近年民宿产业火爆的原因之一。

但是，倘若没有交通、通信和现代物流提供的便利服务，民宿体验依然会是昙花一现。人们对城市与乡村生活的双重追求需要在城乡之间搭建桥梁，这个桥梁就是由高铁构建的现代交通网络，由 4G 或 5G 技术构建的现代通信网络，以及由电商和现代物流构建的流通网络，而这一切无不依赖现代科技的创新和发展。

科技创新使生产生活方式发生变化，其背后依然是需求的变化。需求满足表现为各种新的体验和感受，如便利性、安全性、被服务和被尊重等。了解和尊重人们的体验和感受是科技创新的目标与方向，更是服务业创新的方向。

生产生活方式的改变，意味着文明形态的变化。这种变化首先体现为各种文化现象的改变，诸如商业文化、家居文化、社交文化、旅游文化以及城市和乡村文化等。文化进步是文明进步的体现。当文化的进步积累到一定程度，整个社会的文明形态就会发生根本性变化。无论是文化的进步还是文明形态的变化与进步，都意味着人类需求内容与满足方式的变化，也意味着幸福水平的变化。

第5章　教育的使命与革命

人类文明进步的完整逻辑链应该是这样的：教育改变科技和人文，科技和人文改变需求结构，需求结构改变经济结构，经济结构改变社会结构和生产生活方式，最终带来社会形态和文明形态的改变。

当然，教育的作用未必是推动社会变化与进步，也可能是保障社会按既定的轨道运行，防止其发生剧烈变化。教育传播的是文化，文化是描述既有文明的知识体系。从这个角度讲，教育本没有推动科技和人文进步的功能，传播已知并不一定就能改变未知。从人类早期的教育史来看，这一点无疑得到了印证。

但是，当基于逻辑的科学诞生之后，情况发生了改变。逻辑这个东西，可以通过推理来了解未知世界。尤其是有了数理逻辑之后，人类开始用逻辑来描述自然世界，描述技术，这就是科学。科学与技术的结合叫科技。

在科技时代，人类的教育才真正成为文明进步的基础工程。写到这里，我们可以进一步捋清人类行为的逻辑：目标是幸福，结果是文明，工具是文化（科技和人文），文化靠教育。

教育的起源

人类的教育到底起源于何时，目前并没有确切的定论。我们知道，在公元前3500年左右出现过苏美尔的“泥版书屋”。当然，“泥版书屋”是今天的人们想象的。尽管并不确定，但考古出土的文物证明了那个时代有镌刻的泥版文字，想必就应该有教授这种文字的学校。

中国大约在8000年前出现了骨刻文、石刻文、陶刻文和陶绘文，约3600年前出现了甲骨文和金文，但史料没有记载当时关于教育或者学校的情况。

我们从甲骨文的“教”（）和金文的“学”（）这两个字可以知道，人类至少在3600年前就有了能够传授知识的教育存在。“教”的甲骨文象形字义是一人执杖，教导孩子们学“爻”。“爻”是一种算筹，是人类最早用来计数和运算的一种算术，是最早的朴素数理逻辑，也是易学和八卦理论的基础。“学”的金文象形字义是孩子们在房子里双手捧着“爻”在学习。有些篆书把“学”简写为“教”的一半，即去掉“教”字右边的执杖符号只剩下左边的“”，这就是“学”字了。比如林徽因在给东北大

学设计的校徽中就用了这样的“学”字。“”是“学”，加上执杖符号变成“”就是“教”了，前为学者，后为师者，这样教育就诞生了。有意思的是，从甲骨文和金文的“教”与“学”字中，我们还可以知道，最早的教育传授的知识应该主要是算术知识，并非后来以“四书”“五经”为主的人文知识。

关于有正式办学方式的教育，能确切可知的是孔子开杏坛讲学收3000弟子的事，这发生在公元前500年左右。几十年后古希腊也出现了苏格拉底等人收徒传授知识的情况，比如柏拉图是苏格拉底的学生，亚里士多德又是柏拉图的学生。只是他们当时并没有办学，而是以街头演说和辩论的方式传授知识，规模也没有像孔子那样有多达3000弟子。到了公元前335年，亚里士多德才在雅典开办了第一所学校，这比孔子办学要晚约150年。

所以，讲教育尤其是学校教育，还真得从孔子这个“至圣先师”讲起。

对于孔子，后世给予很高的评价，历朝历代将其封公封圣。今天的人们也称其为思想家、教育家和儒学祖师。

孔子一生最大的贡献之一是编辑整理了商周时期流传的文史哲方面的文献资料，包括《诗》《书》《礼》《乐》《易》，再加上他自己撰写的《春秋》，史称“六经”。由于秦始皇焚书坑儒，孔子编撰的六经大部分被毁，传下来的六经都是汉代重兴儒学时由儒生们口述传承并重新编撰的。

汉代整理的《诗》，是中华文明史上最早的诗歌总集，收集了自商至春秋时期的风、雅、颂三种民间和官方的文学作品。《书》即《尚书》，是最早的历史文献，主要内容是夏、商、周时期的社会治理大事记，严格讲是政治教科书。《礼》分《周礼》《仪礼》《礼记》，其中《周礼》才是孔子的礼。《乐》在焚书坑儒后完全失传，汉代依据《尚书》中关于乐事的记载，重新整理了新的《乐记》。《易》没有失传，主要原因有二：一是《易》不只有《周易》，还有更古老的《连山》和《归藏》；二是《易》不只是儒家学说，也是道家和法家所公认的古代哲学思想的源头与根基。《春秋》是鲁国的国史，同秦国没什么利害关系，也得以幸存。当然，近年陆续出土的湖北荆门郭店楚简、湖北云梦睡虎地秦简，以及出土于湖北荆州一带被盗墓后转道香港最终被国家收藏的清华楚简、上博楚简等，已经能够基本还原孔孟时代的《尚书》等重要文献了。

实际上，孔子是在编辑整理了六经之后才开始办学的。办学传授的内容，就是他整理的商周时期文史哲文献之集大成者——六经。

六经的内容，尽管主要是文史哲，但也不乏关于天文历法、政治和经济以及技术的记述，比如《周礼》中的《考工记》就是关于手工业工艺与规范的记述。

孔子在礼崩乐坏的情况下，能够整理那么多历史资料，形成较完整和系统的文献作为教科书，并通过开办私塾学堂来传授和传播，这是非常了不起的贡献。其对后世的影响，更是重大。中国自春秋战国以来，逐渐形成以士族社会为主导的“四民”社会结构，正是孔子的贡献。

同时代的古希腊社会，苏格拉底及其弟子们也留下了许多不朽的著作，诸如大家耳熟能详的《理想国》等。亚里士多德在前人的基础上所做的研究极多、贡献极大。他对人类知识体系的贡献包括逻辑学、自然哲学、伦理学和政治学、修辞学、美学以及心理学等方面。他还将人类知识体系分为三个门类：一是理论学科，包括数学、自然哲学和形而上学；二是实践学科，包括伦理学、政治学、经济学和战略学等；三是关于创作的学科，包括修辞学和诗学等。这三个门类基本上对应了现代知识体系的三大学科门类——自然科学与技术、社会科学、人文学科。

应该说，亚里士多德是西方文明史上最突出的启蒙者之一。他既是科学理论的奠基者，也是对人类知识体系进行学科门类划分的第一人。

当然，今天有许多史学家并不承认古希腊历史的真实性，认为古希腊时期仍是既没有形成后来的希腊文字，也没有十进制数学的蒙昧时代。苏格拉底、柏拉图和亚里士多德等先贤及其成就，都是文艺复兴时期觉醒的知识分子在新兴资产阶级的支持下以“托古改制”方式杜撰出来的[①]。事实上，我们也知道欧洲编

---

① 有关质疑西方文明史尤其是古希腊史、古罗马史的情况，可参阅董并生著《虚构的古希腊文明》（山西人民出版社 2015 年版）以及诸玄识著《虚构的西方文明史》（山西人民出版社 2017 年版）。

年史出现的时间的确很晚，大约在16世纪。16世纪才出现的古希腊史和古罗马史的确是漏洞百出。但是，我们并不能因此而否认西方“三大思想解放运动”和工业革命的实际成就。这些成就与西方文明的进步是客观存在的，至于其到底是发生在古希腊、古罗马，还是发生在16世纪，只是时间早晚的问题，并不意味着不存在。

比较孔子和亚里士多德这两个东西方办学第一人可以发现，尽管亚里士多德办学要比孔子晚约150年，但他对人类知识和文明的贡献，尤其是对后世科学知识的启蒙贡献，显然要大得多。很可惜，古希腊在亚里士多德的时代就被马其顿王国的亚历山大大帝给征服了。尽管亚里士多德做过亚历山大大帝的老师，但他所代表的古希腊思想的光芒自此开始暗淡无光。

中世纪的欧洲，教会也办学，但除了宗教内容，几乎没有传授别的知识。这与东方儒学教育强调经世治国形成了天壤之别，其带来的经济和社会发展同样是天壤之别。

教育改变了什么

在春秋战国时代，由于战乱频仍，失地人口剧增，出现了两种靠投机谋生的群体，一者“游侠”，二者“货殖”。前者就是师从诸子百家的说客和纵横家，后者就是发战争财的商人。在《史记》中专门列有《游侠列传》和《货殖列传》，记载的正是上述两种人中典型人物的故事。

在《游侠列传》中，司马迁开篇就讲，韩子曰："儒以文乱法，而侠以武犯禁。"二者皆讥，而学士多称于世云。至如以术取宰相、卿、大夫，辅翼其世主，功名俱著于《春秋》。可见韩非对儒和侠的评价不高，但在贬斥儒和侠的话语里陈述了一个真实的历史状况，即儒士、游侠都通过自己的"说客"身份以及"纵横之术"取得了出将入相的政治和社会地位，成为彪炳史册的人物。

在《货殖列传》中，司马迁也是开篇就讲，老子曰："至治之极，邻国相望，鸡犬之声相闻，民各甘其食，美其服，安其俗，乐其业，至老死不相往来。"必用此为务，挽近世涂民耳目，则几无行矣。这充分表达了中华民族自古以来倡导的自给自足的农耕文明思想和现实的农耕经济状态，在春秋战国以后受到了"货殖"阶层的重大影响。但司马迁并没有否认"货殖"者在经济社会发展中的作用。他阐述的中华民族自古以来所采取的经济社会发展政策，用今天的话说，就是中华民族自古以来的经济学基本原理与思想。

司马迁讲道："夫神农以前，吾不知已。至若诗书所述虞夏以来，耳目欲极声色之好，口欲穷刍豢之味，身安逸乐，而心夸矜势能之荣。使俗之渐民久矣，虽户说以眇论，终不能化。故善者因之，其次利道之，其次教诲之，其次整齐之，最下者与之争。"

此段的大意是："要讲到神农氏以前的情况，我（司马迁）不清楚。至于像《诗经》与《尚书》中描述的虞舜以及夏王朝以来的情况，实际上人们总是在追求耳目的声色享受，追求口中的美味享受，追求身体的安逸和快乐，还要炫耀自己的权势与才能以享受荣耀。这种风俗浸染百姓很久了，即便用老子的思想逐家逐户地教化，终究是不能改变他们的。所以，正确的政策应该分为五个层次，分别对待不同的群体：最好的办法是顺其自然；其次是通过利益关系来引导他们；再次是教导他们应该怎么做；然后是搞计划经济，政府来统筹经济发展工作；最坏的办法是政府与百姓争夺利益。”

今天的经济学者，言必谈西方经济理论，动辄指责中国没有经济学理论和思想。这是无知的表现。且不论春秋时期的《管子》就是一部关于政治经济学的鸿篇巨制，单就司马迁这一段简短的文字，就已经将西方经济学各大流派的精髓描述得淋漓尽致。司马迁的五大经济政策，对应的正是西方经济学几大经济流派之核心观点：自由主义的自由市场经济思想，凯恩斯主义尊重市场前提下的干预经济思想，后凯恩斯主义新剑桥学派的政府主导经济思想，社会主义的计划经济思想，专制主义的经济剥削思想。

在这里引述和解读司马迁关于“游侠”和“货殖”两个群体的一些观点，不是为了讲《史记》，而是为了说明教育与经济社会发展的关系。

正如韩非所言，春秋以后出现的“游侠”阶层，其实就是诸子百家教育出来的各路读书人和知识分子，这些人以“说客”的身份，凭借自己的仁爱和礼制思想或“纵横之术”穿梭于各诸侯国，出将入相，逐渐形成了士大夫阶层。其中较为突出的就是儒法两家的知识分子。儒法两家思想和理念不同，各有优劣，于社会治理都有好处和不足，关键在于如何取舍。

儒法之争导致焚书坑儒，法家独大。汉武帝时又开始独尊儒术，罢黜百家。儒法两家都曾试图以一家之言治世，碾压其他思想，但汉以后两千多年的历史中并没有出现一家独大的现象，而是儒法并存，儒法融合，并最终走向“儒表法里”或“上法下儒”的社会主流文化形态。

自“游侠”取得出将入相的政治和社会地位之后，士大夫阶层逐渐形成。尤其是汉代始兴“乡选里举”的察举制度以后，读书人开始走向社会治理的前台，形成了以士族社会为主导的“四民”社会形态。“士”成为代表皇权治理基层社会的中坚力量，同时也成为与农、工、商紧密联系的乡村社会的中坚力量。到了隋唐以后，以科举取代察举，进一步推进士族社会的发展，形成了稳固的社会结构。这其中，儒学教育功不可没。

当然，两千多年的士族社会里，皇权的法治与乡绅社会的儒治，形成了两级社会架构。儒和法既分而治之，又相互融合。乡绅社会以儒家仁爱思想为主导，但也吸收了法家的严刑峻法，逐渐形成了宗族家法。尽管皇权强调法治，但以儒家学说为主导培养出来的科举进士，坚守的却是儒家伦理。这形成了“儒表法里”

的格局，对皇权构成一种巨大的制衡力量。

唐以后形成的以士大夫阶层为基石的三省六部制官僚体系，实际上是主权与治权分离的。这可能是中国两千多年历史与同时期西方相比要稳定与和平的原因。中国自士族社会形成的汉代开始，虽经历过三国（约60年）、南北朝（约170年）、五代十国（约70年）等战乱和分裂时期，但时间都不长，大部分时间基本都是统一、和平与稳定的。而与之对应的时间内，西方自罗马帝国时代开始至中世纪，直至两次世界大战，其间经历了长达近两千年的城邦利益争夺战、王权争夺战、宗教派系的教权争夺战，以及后来的殖民地利益争夺战，几乎从未有片刻的停歇。可以说，西方自罗马帝国时代直至两次世界大战的近两千年一直处在“战国时代”。

中国士族社会的教育内容主要是四书五经。它们是关于经济、政治、文化、军事、外交诸方面教育的教科书。士族时代的科举，也并非只考四书五经，有时也考棋琴书画，还有天文历法和科学技术，从而出现了张衡（78—139年）、刘徽（约225—295年）、祖冲之（429—500年）、郭守敬（1231—1316年）、朱世杰（1249—1314年）等数学家和工程师。历朝历代也有负责手工业、农田水利和营造事务的政府机关，如西周的司空和唐以后的工部。

除了士这个中坚力量，还有农、工、商三个阶层。尽管多数时候政府都以农为本，重农抑商，但绝非不要商业和市场经济，否则就不是“四民”社会了。

工商业虽然没有学校教育体系的支撑，但学徒制是始终存在的。“四大发明”就是古代手工业技术的发明创造。自汉以降至西方工业革命到来之前的中国社会，工业和技术发明远比西方发达。农田水利和交通运输，建筑与营造，在很大程度上提升了生产力和生产效率，否则也不会出现中国制造品（丝绸、茶叶和瓷器）备受西方世界推崇的局面，也不会有中国经济和社会文明领先西方近两千年的史实。

儒家也十分重视经济贸易和商业知识的传授。儒家的教育体系，一般是 7 岁至 15 岁学识字，15 岁至 30 岁读四书五经，其间还可以参加科举考试。其培养目标是学习如何治国理政，如何发展经济以及如何实现民富国强；学习的内容以史书为主，诸如《春秋》“三传”、《史记》以及后来的《资治通鉴》、“二十四史”等。除了读史，还要学习有关农耕与工商业发展的经济知识，如《货殖列传》就是关于市场经济和商业贸易的系统论述，《盐铁论》就是我国最早的政治经济学论述之一。

士族社会的士大夫阶层实际上又分为郎和吏两种角色，科举选拔的是郎而非吏。通过科举，能考中进士者，一般都能获得朝廷的任命，成为中央政府或地方政府的正式官员，这种人称为郎官，如“礼部侍郎”或“工部侍郎”等。如果在科举的道路上未能走到最后，比如通过县试中了秀才，或通过府试中了贡生，或通过乡试中了举人，甚或通过朝廷的会试成为贡士，但未能在皇上主持的殿试中成为进士，一般都不会直接被任命为郎官的。[①]

这种层层选拔的考试，通常每三年一考。五个层级考下来，一般需要十几年。考生即便是连续登科，通常也要考到 30 岁左右。但在 30 岁之前进士登科者，极其少见。

按那个时代的考试层级和考试内容，秀才相当于初中生，贡生相当于高中生，举人相当于本科生，贡士相当于硕士生，进士登科相当于博士生，进士登科后若能进翰林院研修，就相当于博士后了。能参加会试成为贡士者，多数已经是学贯四书五经和各种史书，苦研治国理政和农工商贸的优秀人才了。到了这个级别，还不能做郎官，怎么办？

这就涉及士大夫阶层的另一种角色——吏。不能做朝廷的郎官，但可以到各级地方政府去做技术官僚，为各级地方政府的郎官们服务，协助处理各种行政、司法和经济社会发展的政府事务。省（道）、州（府）、县三级，均可以任命贡士、举人、贡生、秀才为吏。

郎（官）与吏的区别是待遇不同，或者说是薪水支付方式不同。郎官由朝廷支付薪酬，吏的薪酬由地方政府从徭役收入中开支。古代税赋一般分租税和徭役两种。租税就是农业和工商

① 郎官有级别，一般中了进士起初只能任命为级别较低的七品官，在日后的工作中根据政绩再提拔为更高级别的官员。比如各部有“尚书”“侍郎”和“行走”，这种官职的名称大致能体现其水平和职位的高低。“尚书”来自“六经”里的《尚书》，代表了最高的学识水平和能力，其职位相当于部长。左右两个“侍郎”相当于副部长，“行走”相当于部里的司局级或科处级技术和事务性职位。

税收，徭役则是当地百姓必须为政府提供的义务劳动，比如服兵役，从事农田水利建设的劳役，以及从事公共行政服务的衙役等。其中，部分衙役因需要一定的知识和水平，后来改为缴地方税，由职业的吏来代劳了。未能进士登科的秀才、贡生、举人和贡士们，经由已经进士登科的同学或老师推荐，可以去各地的衙门做吏。

当然，有些吏才干出色，经过郎官们的举荐，也有机会被皇帝器重，进入郎官行列。这就涉及郎官和吏的关系。所谓"门生故吏"，就是指曾经在郎官手下做吏的那些人，与曾经在某人门下做学生或幕僚（有些未进士登科者也没去做吏，而是做了一些郎官的私人幕僚，相当于私人秘书）的那些人一样，都有师生关系，都感念郎官的知遇之恩或栽培之德。

讲这么多，就是想让大家了解中国古代的教育，促使大家进一步思考：这样的教育又能改变什么？

实际上，儒家这种教育并不是想要改变什么，而是力图不要改变。教育和科举的配合就是士族社会形成和稳固的基础。士族社会稳固，王朝就会稳固，社会才会稳定、和平、安全和相对的民富国强。两千多年的中国士族社会，虽然历经多次改朝换代，但社会结构从来都很稳固，直至西方坚船利炮的到来。

古代贫苦人家的孩子读书的很少，读书并能科举进士者基本是中产以上阶层。当然，纯粹的寒门士子也是有的，比如悬梁刺股的孙敬和苏秦、凿壁偷光的匡衡、囊萤映雪的车胤，都是寒门士子的典范。

科举制的实行和士族阶层的形成，满足了中产以上阶层参与社会治理的愿望与需要。所以，这种教育的目标，就是促使士族阶层成为“四民”社会的中坚力量，从根本上保障社会整体的需求结构不发生大的变化，并确保经济结构和社会结构不发生大的变化。

西方的大学教育早在11世纪就诞生了，但那时的大学教育依然是宗教教育。到了大航海、文艺复兴和宗教改革运动之后，科学教育才开始被纳入大学教育体系。

教育革命是从数学教育开始的。关于数学的起源，西方学者无不归功于古埃及、古巴比伦和古希腊。实际上，我们梳理一下数学简史就会知道，真正的数学，尤其是十进制算术包括早期的几何学，都诞生于古老的东方国度——中国。古埃及、古巴比伦和古希腊虽然也有早期的数字和计数法，但它们都不是十进制数学。阿拉伯数字是古印度发明的，而阿拉伯数字用于十进制计数和运算都需要一个最重要的数字“0”，没有“0”，就没有十进制数学，更不可能有今天的科学，因为“‘0’是打开现代数学大门的钥匙”①。但事实上，“0”是9世纪才在印度出现的。直到13世纪初，阿拉伯帝国统治下的西班牙才通过翻译阿拉伯人的“花剌

①[美]比尔·伯林霍夫、费尔南多·辜维亚：《这才是好读的数学史》，胡坦译，北京时代华文书局2019年版，第93页。

子模数学”知道阿拉伯数字和十进制[1]。众所周知，120 年前出土于中国安阳的殷墟甲骨文中就有大量的十进制数字记录。这发生在公元前 1600 年左右。但西方学者不太愿意承认十进制算术诞生于中国的事实，认为“0”的出现和十进制代数“这一重大进步的历史到目前为止仍然是模糊的，有可能是受中国的影响”[2]。可见西方世界对古老的东方缺乏最基本的了解。

西方学者承认的事实是，到 1507 年，剑桥大学才翻译出版了欧几里得的著作《几何原本》，开始推动数学研究。1601 年，法国巴黎大学最先开设数学课程。1620 年，瑞典乌普萨拉大学聘请了 10 位数学教授。1661—1669 年，牛顿在剑桥大学三一学院从事数学研究和教学工作。1687 年，牛顿出版了震惊世界的《自然哲学的数学原理》一书。此书的出版，代表中世纪神学和巫术时代的终结，欧洲正式进入科学时代。

由于大航海证明了地球是圆的，地理学者和天文学者也开始成为科学教育的助推者。哥白尼 1543 年出版《天体运行论》；伽利略 1609 年发明天文望远镜，1632 年出版《关于托勒密和哥白尼两大世界体系的对话》，1638 年出版《关于两门新科学的谈话和数学证明》。他们开创了天文学和以数学为工具研究自然哲学的先河，为牛顿开创现代物理学和科学打下了基础。

---

① [美] 比尔 · 伯林霍夫、费尔南多 · 辜维亚：《这才是好读的数学史》，胡坦译，北京时代华文书局 2019 年版，第 29–40 页。

② 同上，第 30 页。

其他学科也在新思想和方法论的基础上走进大学课堂。1550年，法国蒙彼利埃大学开始允许医学解剖，1553年设立解剖学教授职位，同年设立植物学教授席位。1620年，剑桥大学三一学院开设医药化学实验室。1667年，蒙彼利埃大学开设化学课程。

西方教育的转变，与大航海带来的财富剧增和新兴资产阶级的崛起不无关系，与大航海背景下的“重商主义”思潮不无关系，与文艺复兴运动使人们了解了亚里士多德等人的科学思维方式不无关系，当然也与来自古老东方经由阿拉伯帝国和东罗马帝国传入欧洲的数学和人文知识不无关系。新兴资产阶级反对宗教禁锢，资助和支持数学与各新兴学科的研究，支持工业革命，最终引发了教育尤其是大学教育的彻底革命。

如果说中国的传统儒学教育是求稳不求变，中世纪宗教教育是禁锢和愚民，那么爆发于16—17世纪的西方大学教育革命则彻底地反禁锢、求变化，是一场声势浩大的教育革命。它催生了科学时代的到来，加速了工业革命的进程，彻底改变了人类的思维方式和认知方式，丰富和重构了人类的知识体系，使人类原有的宗教、人文、技术三大知识体系转变为人文、自然科学与技术、社会科学三大知识体系。这种变化，彻底摧毁了旧世界，迎来了人类文明的新时代。

这场史无前例的教育大革命，先是摧毁了持续千年的西方中世纪神学宗教教育，约4个世纪后又摧毁了传承两千年的中华传统教育，可称为人类第一次教育大革命。

教育需要继续革命

从古代东方的“学以致仕”和西方的“学以敬神”到科学时代的“学以致用”，改变的是教育内容、目标和使命，这意味着教授与解惑的方式必须跟着改变。

科学靠的是“数学 + 实验”，科学时代的学校教育自然也是靠“数学 + 实验”。“数学 + 实验”培养的是“逻辑 + 数据”的科学思维范式和研究问题的方式方法。这一点在西方的学校教育里体现得淋漓尽致。

西式教育传入中国已百年有余，一度以废科举的方式对中华传统教育进行了否定、颠覆和革命。然而，目前中国应试教育仍占主流。

在恢复高考体制后的 40 多年里，我们的学校教育始终未能摆脱“学以致仕”的教育范式，从小到大的层层选拔考试，将学习目标牢牢锁定在应试这个终极目标上。重分数、轻技能，重文凭、轻实践，仍然没有实现根本改变。

考试考什么？主要是考知识，尤其是高考。

知识，尤其是书面知识，通过学校里有限的教科书来传授，这与当今时代很不相称。过去的“汗牛充栋”或许是一座庞大的图书馆，今天却变成了一台电脑，甚或一部手机。在信息时代，人类已有的知识基本都能通过电脑和手机获取。

毫不夸张地讲，通过网络获取的信息和知识会是学校教育传授知识的千万倍。

正因如此，很多从事教育行业的人士普遍笃信：把全世界的优质教育资源（名校、名师、名课及优质的知识资源）集中于某几个网络平台，让全球学生分享，这些平台将能打败全球几乎所有以传播知识为使命的学校，获得巨大的教育收益和商业收益。

问题是，教育就只是传授知识吗?

能够学以致用的，除了知识还有技能。知识其实就是信息。技能是什么?是对信息进行加工处理，利用其研究和解决问题的能力。科学教育最本质的东西，即“数学+实验”或“逻辑+数据”所要培养的科学思维范式以及研究和解决问题的方法与能力，这单靠知识传授是不能完成的。

科学时代的西方教育承袭了古希腊苏格拉底时代所推崇的对话、质疑与辩论。今天，西方的学校教育与我们的学校教育存在很大差别，这个差别表现在：西方的学校教育从小到大始终围绕问题展开教学，他们的课堂是问与答，是辩论，是探讨。这与中国课堂的场景不同。

中国人历来忌讳批判，但西方教育鼓励和赞赏批判，这是东西方教育的又一重大差别。为什么要批判?因为科学的本质是证伪，科学的方法论是猜想与假设，然后实验证实，想尽办法再证伪。证实才能确认为知识，但证伪才能进步。科学的发展历程就是一个不断证实与证伪的过程。

两千多年以来，儒家教育的目标是学以致仕，以此来形成强大的士族阶层和士族社会，以保障社会结构的稳定。但是，科学时代教育的目标是求变。不求变，何来创新与创造？

当我们的教育培养出的孩子过于注重考试成绩，而缺少怀疑与批判时，教育便难以适应科学时代的发展需要。

科学时代，教育培养科学思维和研究能力，主要通过以下三大教育理念的贯彻来体现。

一是培养学生较完整的知识架构。这就是西方本科阶段以前强调博雅和通识教育的原因。美国大学在大二以前不定专业，要求大一和大二阶段必须在几大学科门类中至少选修一门课程。这样做的目的是让学生充分了解各学科的知识，以便知道自己对什么感兴趣。

二是培养学生的科学思维能力和掌握围绕问题展开学习的方法。这就是“圆桌会议”式课堂教学的原因所在。

三是培养学生的批判性思维。批判性思维的培养既通过教学活动来体现，更表现在对学生的成绩评价当中。在课堂讨论和课业论文中，是否有与众不同的观点，是否有质疑与批判，是能否拿到好成绩的关键要素。

自20世纪50年代开始，美国一些高校明确提出“研究型学习”的教育理念与模式。传统本科教育强调博雅和通识，目的是提升知识量和认知能力，但从小学到大学，各阶段都没有放弃围绕问题展开教学的基本方法。此时提出“研究型学习”，并非不重视博雅和通识，而是强调通过“研究型学习”把被动接受教科书的有限知识变成围绕问题研究而主动寻找无限知识，把培养科学的思维能力与获取知识和技能有机地结合起来。

近年来，美国高校招生也出现许多变革。过去高校把SAT考试成绩当作入学的一项重要参考指标，如今一些高校尤其是名校招生时已经取消了对SAT成绩的参考，转向要求学生提供自己的研究经历或者学术论文。这进一步强调围绕问题展开研究和学习的教育理念。

中国的教育一直在改革中，但万变不离其宗——考试指挥棒。除了考试指挥棒，课堂教学的方式也很难改——很难丢掉课堂灌输知识的习惯。课堂教学方式难改，根源还在考试这根指挥棒上。既然目标是考试，首先要把考试的知识灌输给学生。这从根本上决定了中国的教育更多的是知识教育和考试教育，而缺乏能力教育。

考试指挥棒不丢，很难培养出现代科学时代所必需的科学思维能力和研究能力，也很难培养创新创造的能力。

除了教与学，教育尤其是高等教育的另一个使命就是科研。科研靠什么？首先靠人才，靠具备科学思维和研究能力的人才；其次靠体制——对科研的有效激励机制。

过去，中国高校和科研院所取得了“两弹一星”和航空航天领域的系列成果，但原创性的研究不多，原因是创新创造的能力不足。

改革开放以后，大量出国深造的人才回到国内，这些接受过西式教育的人不能说没有科学思维和研究能力，但为什么仍然缺乏创新能力？这就要从科研体制上找原因。

近些年我国开始在科研领域推进反腐工作，对科研经费的使用进行了前所未有的清理和整顿。这是应该的。但有些举措存在矫枉过正的情况，比如科研经费的计划与报销管理在一定程度上就与科研激励的方向背道而驰。

科研项目到底要什么？是要成果还是要过程？西方的科研，在项目申请和立项后，很少追究经费怎么花的问题，主要看项目有没有出成果，重点是对成果的鉴定与审查。这种目标管理显然比只盯经费开支不管成果的过程管理要合理和有效得多。

比如，一些科研项目，在立项时即需预算具体开支，但开支是随着研究进展而发生的，尤其是一些重大研究与发现。所以从某种意义上讲，若能做出精确的经费预算及使用计划，很难有什么真的创新与发现。

斯坦福大学有一个科研项目叫“星火计划”，教授和学生们只要有创新研究的某种思想火花，只要是合乎逻辑的构想，都可以申请经费。一旦项目通过立项审批，做没做出成果都没关系，只要认真做了就行。这种对科研的开放、包容与无条件激励，往往能产生重大的科技突破，甚至是颠覆性的发明与发现。

除了科学教育，还有人文教育。

今天的人文教育主要靠人文课程的教与学。人文教育未必像科学教育那样依靠“数学＋实验”，但与“逻辑＋数据”以及“圆桌会议”式围绕问题展开研讨的方法是相通的。人文也有“逻辑+数据”，比如历史就有因果逻辑，历史数据就是历史的事实与真相。音乐、绘画、书法和诗歌等艺术或许没有逻辑，但围绕问题或者灵感展开研讨也应是最有效的教学方法之一。

人文教育靠情感，也靠思想。情感和思想如何培养？关键是激发学生内在的潜质和潜能。

讲了这么多，只想讲清楚一点：当西方的科学教育模式已经实施了500多年，当我们的教育还在两千年来传统的教育模式里摸爬滚打，当我们的经济社会发展已经到了必须面对科技创新这个无法回避的难关时，我们的教育应该怎么办？

革命与被革命

尽管今天的科学是知识、文化和文明的一个组成部分，但相对于人类追求幸福的目标以及现实的生活目标而言，科学不过是一种范式和方法。

中国传统社会的文明，包括技术、文化、经济、政治诸方面，与同时期的西方社会相比，到底是先进还是落后呢？这得看如何理解文明。假如没有科学的出现，中华文明与西方文明相比，至少要先进千年以上。没有科学和工业革命，可以说西方社会的文明很难与中国传统社会的文明相提并论。

这种差别不只体现于政治、经济、技术、文化等文明形态，更体现于对人类社会发展目标的深度思考。对于人类社会发展目标，中国人在春秋战国时代就已经有了基本的结论。老子的“生而不有，为而不恃，长而不宰”，自《道德经》诞生之时就成为中华民族的价值共识，也为儒家学说所继承。尽管法家追求有为，但“儒表法里”或“上法下儒”的意识存在了两千多年，儒、释、道始终是主流，而且都追求“不有”“不恃”“不宰”的价值观。这正是中国传统社会的儒家教育和科举体制以及由此造就的士族社会结构能够持续两千多年的深层原因。

假如没有鸦片战争以及以后的西方入侵，中华传统文化支撑起来的文明形态，应该是人类历史上最安定祥和的文明形态，至少与建立在“海盗文明”和“将精力过剩合理化”之上的西方文明相比，更有利于人类的和平共处，可实现更多的幸福诉求。罗素在 20 世纪 20 年代访学中国后写了《中国问题》一书，阐述了他本人对东方文明和文化的理解、解读以及东方文化与西方文化的比较。罗素对东西方文明和文化的认识，可以说是极为深刻也是极为客观公正的。他在书中毫不隐讳其观点：“中国人摸索出的生活方式已沿袭数千年，若能为全世界所采纳，地球上肯定比现在有更多的欢乐祥和。”能得出这样的结论，是因为罗素深刻领悟到“西方文明的显著长处在于拥有科学的方法，而中国文明的长处在于对人生归宿的合理理解”。①

然而，有史以来，人类文明的冲突从未停止过。科学的诞生

---

①［英］罗素：《中国问题》，秦悦译，学林出版社 1996 年版，第 7 页、第 153 页。

和工业革命的到来，更是加剧了竞争和冲突。不进行科技革命，就会被科技革命者打败；同样，不进行教育革命，就会被别人的教育革命打败。这不是关乎善恶价值的应然问题，也不是愿意与否的或然问题，而是历史和科学的必然问题，是史实和现实。

今天，面对一些西方国家有针对性的“围追堵截”，我们必须在求稳与求变之间做出正确的决断。求稳与求变永远是一对矛盾，矛盾双方永远是共生共存的关系，不分何为主、何为次。

社会发展的目标是求稳，在稳定的前提下图进步和谋发展。这没错。但是，科技创新的本质是求变。传统的儒学教育是求稳，现代科学教育是求变，将二者有机地结合起来，或许是教育革命的方向。

中国现在是以追求全民幸福为目标的社会主义国家。经济社会发展的目标变了，社会整体的需求结构变了，教育就必须与需求及其变化相适应。

高考继续存在的理由是保障教育平等与公平，平等靠政府兜底，公平靠竞争，最好的办法就是高考。或许我们应该考察和学习一下美国的高等教育规划与布局，深刻理解精英教育和平民教育的双轨制高教体系的重大意义，让那些顶尖的研究型院校来承担教育公平的使命，让一般院校去承担教育平等的使命，让承担公平教育的研究型高校按自己的标准和方式招生、按自己的模式办学。这能否冲破应试教育的桎梏，需要尝试。

第6章　为什么会金融革命

人类为满足追逐财富的欲望而发明了符号化的货币和金融系统。金融的发明固然是为了提高投资、生产和交易的效率，但自诞生之始也具备了剥削的本性。

自北宋天圣元年（1023 年）出现最早的纸币“交子”和管理纸币的政府机构“交子务”开始，我国最早的银行业和金融服务业就诞生了。尽管它当时不叫银行，也不叫金融。1580 年，意大利威尼斯出现了最早的银行，随后荷兰、德国和英国也相继出现银行，开启了现代银行业和现代金融业服务经济的进程。

自金融业诞生至今，人类经历了很多次的金融危机和经济危机。人们对金融业多有指责与诟病，却从未放弃对金融的依赖。

如今，“数字货币”新概念横空出世，人类似乎有了金融革命的梦想。

“数字货币”到底能实现什么，目前尚不能定论，但它的出现至少意味着人类对货币金融的需求正在发生变化，而对这种需求的满足意味着一场改变世界的金融革命或将到来。

■ 金融的本质

“交子”时代，纸币是真实货币的替代品，只出于安全和便携的考量，对提高交易和流通的效率具有积极的作用与意义。“交子”诞生之初就有明确的发行理念，这从其命名就可见一斑。“交”者，用于交换与流通；“子”者，为尚不能独立运行的衍生品。“交子”就是为方便交易和流通，由代表政府的“交子务”负责发行和管理，但不能脱离实际独立运行的硬通货币。实际上，“交子”出现之前，唐代就有过“便钱”，也叫“飞钱”，即不参与流通的货币汇兑凭证。宋太祖时开设有“便钱务”，负责办理汇兑业务。“交子”最初的设计理念与“便钱”基本一致，但其具备了后来的银行等金融机构功能，所以经济史学界一般只谈“交子”而不谈“便钱”。

“交子”能提高货币流通的安全性和效率，加上有政府背书，不用怀疑它背后就是真金白银。如果仅仅是这样，“交子”不过是用于服务传统的银行汇兑业务，也算是造福人类。但它到底是天使还是魔鬼，我们得看它在实际运行中的表现。

“交子”在实际运行中由于超发而产生了杠杆效应。比如“交子务”只吸收1000万贯的硬通货币储备金，却可以发行2000万贯的“交子”用于流通和借贷。“交子务”既能够收取1000万贯存款的管理服务费（那时的存款利率是反方向收取的），还能收取加倍放大（放贷额扩大到2000万贯）的借贷业务产生的贷款利息（超发的部分完全可以用于放贷）。可见“交子”不只有承兑功能，还承担了货币流通功能，具备支付、信贷和投资功能。当然，这里只是举例，硬通货币存量与所发行“交子”之间的实际比例在不同时期有不同的表现，高的时候可能是1∶10甚或1∶100的情况都有，最严重的时候更出现不需要与硬通货币储备挂钩，而直接发行“交子”的情况。

这样做，表面上看并没有损害谁的利益，商家或地方政府的钱存在府库里，大家有借有还，一切如常。“交子务”不仅能赚取丰厚的利息，还能促进生产和贸易更大规模地展开。经济的增长和发展依赖于投资，钱多才好办事。实际只有1000万贯的货币存量，却可以通过“交子”变成2000万贯的投资，大大提高了投资规模和效率。这样来看，“交子务”是促进国民经济增长和发展的大功臣。

“交子”的流通也大大促进了投资和消费，推动了经济高速增长和迅速发展。我们都知道，宋代经济社会高度发达，比较夸张的说法是，宋代GDP规模一度占当时全球GDP比重的近九成（当时的世界指欧亚大陆，经济史学界有各种说法，但一般认为宋代GDP至少占当时欧亚大陆GDP的75%以上）。这与“交子”的功劳密不可分。

当然，“交子”虽然促进了经济的高速增长和政府财税收入的增加，但同时也带来了物价的高涨。在多次引发严重的通货膨胀后，宋政府不得不将其废止。

元代也曾效仿宋代发行纸币，但同样导致了严重的通货膨胀。老百姓纷纷抛弃纸币，自觉使用黄金、白银和铜币，最终纸币不得不被废止。

宋元时期纸币的历史，已经充分揭示了货币金融学最基本和最本质的内涵。以政府信誉为担保，超发货币一举多得，既能制造虚假货币和资产泡沫，稀释百姓手中的资产，以非常隐秘的方式收取“铸币税”，还能促进经济的大规模增长与发展。

宋代虽然基于1000万贯的硬通货币存量发行了2000万贯的“交子”，但并没有允许“交子”本身用于存贷业务。对“交子务”来说，存的是硬通货币，贷的是放大了一定倍数的“交子”，基础货币与流通中的纸币是分离的，也可以简单理解为货币的存与贷是分离的。“交子”流通满三年就废止，由“交子务”重新发行新的“交子”，旧的“交子”可以兑成实钱，也可以以旧换新，总之不存在“交子”在流通中反复出入“交子务”和多次存与贷循环的情况。

欧洲的银行业可不是这样。银行开展的恰恰是存贷和信贷业务。欧洲人尽管在1580年就成立了银行，但起初并没有发行纸币，他们发行纸币大约是在1661年。

欧洲人的银行起初只办理吸收公众存款和对外放贷业务，赚取存款和贷款的利息。吸收存款时出具承兑票据，并收取一定的服务费（也是一种反向收取的存款利息）。这一点同“交子务”类似。起初，银行只提供汇兑的功能，提升货币在交易和流通中的安全性与便利性。存款业务与贷款业务并举，赚取存款利息和贷款利息，这与宋代的“交子”一样。在开展硬通货币存贷业务的情况下，银行只能吸收多少存款就发放多少贷款，不像“交子”那样可以超额放贷。但是，随着存款承兑和借贷业务的发展，承兑票据逐渐开始流通，慢慢就有了“交子”的功能。银行出具的承兑票据既然有承兑的现金作为支撑，自然就可以当作现金流通了，慢慢银行也就有了发行纸币的意识。

当欧洲银行开始发行纸币时，情况就大不一样了。纸币不仅可以通过超发来加货币杠杆，还能通过存贷业务将杠杆进一步放大。

首先，银行同样可以在吸收了1000万贯货币存款的情况下，印制2000万贯甚至更多的纸币。这一点同“交子务”没有区别。

其次，由于银行发行的纸币取代了硬通货币流通，在实际流通中又以银行为中心进行周转，并不像传统硬通货币那样流入终端商家手里被收储，这就出现了纸币在流通中反复存贷循环的状况。比如张三从银行借了100贯的纸币，用于投资或消费。这100贯的纸币到了李四手里后又被存回了银行。王五又去银行借出100贯纸币用于投资或消费，比如购买赵六的商品或服务，这钱又到了赵六手里。赵六又存入了银行。如此循环往复，100贯的纸币一年内可能周转了五六次。这就意味着在银行吸收了1000万贯的货币存款、发行了2000万贯纸币的情况下，纸币在实际流通中反复存贷了五六次，也就意味着银行发行的2000万贯纸币实际产生的投资或消费效应是原来的五六倍，超过了1亿贯。

这就是银行诞生400多年后，人们通过凯恩斯的《就业、利息与货币通论》才明白过来的“货币乘数”概念。但当时的人们不懂这个概念。

总之，北宋人发明了“交子”这种衍生货币，创造了货币杠杆原理。欧洲人发明了银行存贷业务，再与“交子”模式结合，又创造了“货币乘数”原理，进一步放大了货币杠杆效应。

当然，货币银行的经营模式必须有强大的信誉支撑，一旦人们不信任银行，出现挤兑的情况，通过超发货币和杠杆放大效应产生的巨大泡沫很快就会破灭。所以，银行金融还得有个前提，即必须保证存贷业务的持续进行，不能出现资金断链的情况，否则银行可能在顷刻间轰然倒塌。正因如此，在欧洲银行和金融业诞生400多年后，人们发现有个东西很可怕，它叫“庞氏骗局”。

“庞氏骗局”之所以称为骗局，是因为没有政府信用的背书，容易玩出灾难。

讲了这么多，我们来归结一下最能反映银行金融业本质的几个关键词：第一个是货币超发、第二个是金融杠杆、第三个是货币乘数、第四个是“庞氏骗局”。

有了这几个关键词，金融业的本质及其潜在的巨大风险就不难理解了。

当然，我们也不能因此就完全否认货币金融在经济社会中发挥的积极作用。我们应该坚信一个基本理念：金融是基于经济社会发展的需要而存在，基于为实体经济发展服务而存在。只有资本、土地、劳动、技术等要素组合在一起，才能通过生产和交易创造价值，这才是经济学的常识。

中国历史上的金融危机与社会变局

宋代“交子”由中央储备、地方发行的机制，已经有了现代银行货币发行制度的雏形。地方政府（起初是商家）先向中央政府缴纳一定的真金白银做储备金，再在当地印制和发行“交子”。起初，储备金比例是纸币发行量的六成左右，比如向中央政府缴纳 36 万贯的储备金，可以发行 60 万贯的“交子”。这恐怕是今天银行准备金制度的最早实践之一。

除了储备金制度，宋代发行“交子”还有发行总量的控制。当时每三年发行一届，全国每届发行的“交子”总量约为 125 万贯[1]。

“交子”自天圣元年（1023 年）正式发行，运行了二三十年

① 贯也叫缗。人们习惯将铜钱称为缗钱，是因为铜钱通常用线绳穿起来，缗就是线绳的意思，所以一串就是一缗。缗是官方正式的叫法，贯是民间叫法，都是贯穿起来的象形表意。或许因为缗字有点复杂，民间就以更简便的“贯”代之了。

后，就开始出现政府信用透支的情况。庆历（1041—1048年）年间，益州“交子务”在陕西发行“交子”60万贯，以支付军队粮草开支，而没向中央政府上缴储备金。这代表着纸币开始公然超发和乱发。绍圣（1094—1098年）年间，为满足陕西军费开支，益州又多次印发“交子”，而且出现单次“交子”发行量超过朝廷规定的一届发行总量数倍的情况。这说明货币的超发已经泛滥了。

纸币大量超发导致“交子”大幅贬值，政府只好换发新的纸币，因“交子”不值钱就不叫“交子”，改名叫“钱引”。“交子”换“钱引”，新旧比价高达1：5甚至更高。

大观元年（1107年），中央政府决定把“交子务”改为“钱引务”，同年发行的“钱引”数量是天圣年间“交子”的20多倍，即纸币发行量由起初的125万贯增加到2500多万贯，而且没有储备金。这样做的直接后果就是价值一千文的“钱引”一贯，只相当于十几文钱，通胀之严重可想而知。

关于发明“交子”的原因，一种说法是，“澶渊之盟”后宋王朝每年要向辽国朝贡大量金银细软，导致硬通货币严重不足。据不完全统计，北宋向辽国进贡的黄金总量达700吨以上。从目前出土文物的情况看，辽金时期墓葬大量使用金银器皿以及玉器、瓷器，而宋朝墓葬出土上述文物相对少的情况似乎也证实了这一点。对外邦大量进贡导致宋王朝府库空虚，发行“交子”实乃万不得已。无论此说是否属实，客观的情况是，到了宋徽宗时期，超发乱发“交子”现象已很严重，导致用“交子”换“钱引”的比值高达 5∶1 甚至更高。

南宋并未吸取北宋的教训，依然发行和使用纸币。尽管通过对外贸易赚取了大量的金银，但走了契丹，又来了金人和蒙古人，进贡仍不可避免，“交子”变“钱引”，然后再变“会子”，名称不断翻新，比值从 5∶1 到 10∶1 再到 20∶1，加速了通胀。理宗绍定五年（1232 年）“会子”发行总量已高达 3 亿多贯，淳祐六年（1246 年）“会子”发行总量高达 6.5 亿贯。

景定五年（1264 年），贾似道当政，发行“见钱关子”取代几乎一文不值的“会子”。每贯“见钱关子”折合铜钱只有 770 文左右。

直至元兵南下，宋代的纸币金融史才与这个朝代一同消亡。

蒙元入主中原后，也效仿宋代发行纸币，取了个高大上的名称——“至元通行宝钞”，从发行（1287 年）到废止（1350 年）总共经历 63 年，其间米价上涨了 60 多倍，物价几乎是一年涨一倍。至正十年（1350 年）又改行“至正元宝交钞”，依然是宋代那种改名和以旧换新的把戏。很可惜，此时已经是元末顺帝了。

明代是中国历史上货币金融政策比较差的一个朝代。

明代初年也发行纸币。洪武七年（1375 年）发行了“大明宝钞”，由于人们对实行了近 400 年的纸币历史比较了解，对纸币的贬值和对百姓的无情剥夺甚为恐惧，所以该钞发行之后并不受百姓待见。

由于纸币不被广泛接受，明代又采用另一种形式，叫作“一朝皇帝一朝币，新皇不认旧帝钱”。明代每一位皇帝登基，都会废除前朝皇帝的钱币，重新铸造新的钱币。于是明朝先后出现了洪武通宝、永乐通宝、洪熙通宝、宣德通宝、弘治通宝、嘉靖通宝、隆庆通宝、万历通宝、泰昌通宝、天启通宝和崇祯通宝，以及弘光通宝、隆武通宝、永历通宝等多种钱币。

明代为什么会出现“新皇不认旧帝钱”的情况？这是一个历史谜团。从金融角度看，应该是在纸币不被接受的情况下，只好通过废旧钱铸新钱来人为创造征收“铸币税”的机会。除此之外，很难有更合理的解释。

明代也是中国历史上相对较穷的一个朝代，政府岁入大体只有 200 多万两白银，与宋代折合白银 1 亿多两的岁入相比，少得可怜。这或许正是明代投资规模和税基都难以提升的重要原因。

按理说，不超发货币，自然就不会有通胀的问题，明代应民富国强才对。可是，明代既没有整体的经济大发展，也没有百姓的富足安康，其原因正是所谓“新皇不认旧帝钱”的一轮又一轮“铸币税”盘剥。

明代初期，与日本的贸易使日本的白银大量进入中国，白银逐渐成为人们普遍接受的主要流通货币。明代中后期，西方进入大航海时代，葡萄牙、西班牙在美洲、非洲发现了大量的银矿和金矿。通过与中国的丝绸、茶叶和瓷器贸易，这些国家的白银也大量进入中国（据估算在明代有 5000 ~ 7000 吨产自美洲的白银进入中国），最终导致明代完全变成了以白银为主的货币体系。

清中期以前政治清明，相对富足。难能可贵的是，清朝没有像宋元那样玩纸币的金融游戏，也没有像明代那样靠“新皇不认旧帝钱”来玩“铸币税”游戏，而是依托大航海时代的贸易积累了大量的财富。

清代实行的是真正的金本位和银本位制，建立了一套黄金与白银和铜钱之间相互汇兑的硬通货币制度。到清代后期，受西方银行体系的影响，逐渐产生了银票汇兑和现代银行业。当然，在晚清，西方带来的不仅是货币银行和金融体系，更有坚船利炮的入侵。

纵观中国金融史，宋元时期的纸币发行、流通和管理机制，其实是现代银行和金融体系最早的实践之一。我们不能说自宋元至明清的朝代更替完全取决于货币金融的泛滥成灾和过度盘剥，但其对经济社会发展的影响，无疑是造成改朝换代和社会大变局的重要原因。

西方较大的几次金融危机

西方人显然深刻领悟了“交子”货币模式的真谛，而且还进行了改进并发扬光大。西方在开启了银行体系之后，不仅有存贷业务和纸币发行业务，更有了证券和期货市场。

自 1580 年意大利威尼斯创办第一家银行开始，欧美银行和金融业走过了 400 多年的发展历程。400 多年里，欧美发生过多次通胀、资产泡沫破灭和金融危机，引发了社会动荡与变局。

◆ 荷兰郁金香泡沫和金融危机

1637 年，荷兰爆发了著名的郁金香泡沫危机。具体事件的前因后果如下。

1593 年，原产于土耳其小亚细亚半岛的郁金香传入荷兰，被荷兰人引种和培植。由于量少价高，郁金香很快成为达官显贵们追捧的奢侈品。在新兴贵族（新兴资产阶级）群体中，无论是宴会还是家装，郁金香已经成了一种彰显社会地位的标志。

在以王室和政府为代表的贵族支持下，在资本家的金融操纵下，在媒体的鼓吹下，荷兰人对郁金香表现出超乎想象的崇拜和狂热，出现了全民竞种郁金香、消费郁金香的局面。1634 年开始，荷兰出现百业荒废，一切只为郁金香的“郁金香经济”狂潮。与此同时，来自欧洲各国的金融资本家和各路投机商也纷纷云集荷兰，参与炒作郁金香的疯狂盛宴。

1636 年，郁金香产业在阿姆斯特丹和鹿特丹的证券交易所上市。金融游戏的本质就是有钱人利用手中的大钱来玩转穷人和中产阶层手中的小钱。穷人和中产阶层虽然没有多少钱，但人多基数就大，所以炒作资产价格的游戏，得想办法吸引普通人参与。为给普通人参与游戏创造条件，交易所决定把单株郁金香分割为细股多株，同时制定了一系列交易规则。为扶持和促进“郁金香经济”，荷兰政府还颁布了《郁金香交易法》。

短短一年时间内，荷兰郁金香的合同价格上涨幅度达5900%[①]。稀有品种郁金香单株价值高达4600弗罗林（当时荷兰的货币单位，相当于当时40头公牛的价格）。此外，购买者还需额外支付一辆崭新的马车、两匹灰色马和一套完整马具的费用（这笔费用在当时足以购买阿姆斯特丹运河边上的一栋豪宅）。

这还不够，由于稀有品种有限，人们开始炒作郁金香期货——将第二年才能出产的郁金香用于进行期货交易，还配套了融资杠杆，允许卖空。首个期货市场——郁金香期货市场就此诞生。

然而，一切疯狂都会有终结之时。期货市场的特征就是可以买涨，也可以买跌。1637年2月4日，突然有经纪人不再买多，转而买空。当有人第一个喊出了低价，人们在惊恐的气氛中一个又一个喊出了更低价，导致郁金香球茎价格在一周之内跌成了菜市场上的洋葱价格。

今天回顾当时的情况，我们很难理解当时的交易所为什么会允许期货交易，当时的金融玩家们都知道郁金香不是上帝，不可能永放光芒。开通期货交易，无疑可以在股市与期市之间做对冲的买卖，为大的金融资本做好防患准备。当股市狂跌时，金融巨

① 关于“郁金香泡沫”的相关历史数据，可参阅［美］杰克·卡希尔著：《教皇与银行家》，邓立立译，商务印书馆2012年版。在此不一一标注。

头们可以通过期货市场的买跌再发一笔横财，只可怜了那些中小股民。

金融玩家们是发横财了，可“郁金香泡沫”彻底破灭并最终引发了荷兰全面的金融危机和经济危机。荷兰本是继葡萄牙和西班牙之后第三个崛起的海洋大国，其造船业已经非常发达，远洋贸易非常繁荣。“郁金香风暴”袭来后，几乎所有的企业主、银行家和农场主都卷入其中，造船的不造船了，银行家也不投资实体经济了，都跑去种植和炒作郁金香。当一夜之间一切都化为泡影，国民经济一下子轰然崩塌。

有人认为，荷兰郁金香金融危机是英国的阴谋，因为英国当时正在挑战荷兰的海洋大国地位。有没有这样的阴谋我们不知道，但“郁金香泡沫”引发的金融危机确实摧毁了荷兰经济。昔日拥有辉煌造船业和繁荣大航海产业的荷兰被后起的大英帝国取而代之是不争的事实。

荷兰人对郁金香的钟情或许是一种需求，但这种需求被金融玩家们无限放大，变成他们圈钱的工具和噱头，说明金融玩家们已经不再满足于传统的货币超发、货币杠杆、货币乘数和“庞氏骗局”带来的暴利，他们又发明了一种新的玩法——通过炒作一种资产符号来炒作证券价格，开始玩虚拟经济的游戏。

◆ 英国南海公司股价泡沫引发的金融危机[①]

如果说“郁金香泡沫”的背后多少还有郁金香这种真实的商品需求存在，玩这样的虚拟经济还有点实体经济作为支撑，那么几十年后的英国南海公司股价泡沫则是纯粹的证券价格泡沫，完全基于编故事来炒作虚拟的证券资产，属于纯粹的金融诈骗。

今天的人们解读历史，通常将英帝国的崛起归因于工业革命和“光荣革命”。实际上，历史真相通常令人大跌眼镜。

在葡萄牙、西班牙和荷兰相继通过大航海和殖民经济崛起为超级帝国的时候，英帝国还处在“圈地运动”、宗教战争和此起彼伏的王位争夺战的泥沼之中。在大航海开始后的一个多世纪里，英帝国完全没有能力组织大航海和侵占殖民地的行动，又眼红葡萄牙、西班牙和荷兰发了横财，于是就想出了一个邪恶的歪招——与海盗勾结，抢劫葡萄牙、西班牙、荷兰及其他国家的商船。这就像中国古语讲的“你从河里捞，我从碗里捞”，其发财致富的效率和速度显然比殖民地掠夺要更高、更快。

英帝国王室通过给海盗颁发“抢掠许可证”的方式与海盗勾结，将海盗收编为“皇家海盗”，在当时国力极度虚弱的情况下，逐渐打造起了一支以海盗为班底的“皇家海军”。通过不断抢掠葡萄牙、西班牙和荷兰商船，英帝国终于从大航海中分到了“一

① 有关南海公司泡沫的历史数据，可参阅［英］查尔斯·麦基著《非同寻常的大众幻想与全民疯狂》，黄惠兰、邹林华译，高等教育出版社 2010 年版，以及 Viscount Erleigh, The South Sea Bubble, Manchester: Peter Davies Ltd, 1933。在此不一一标注。

杯羹”，并逐渐壮大起来。

英帝国的“皇家海盗”或“皇家海军”靠海盗营生强大起来后，终于在葡萄牙人开启大航海近200年后的1608年到达了美洲大陆，挤入了大航海的行列。“皇家海盗”或“皇家海军”既然靠打劫葡萄牙、西班牙和荷兰商船发家，自然与这些国家结仇。在大航海初期的近200年时间里，先后发生了英西战争、英葡战争和四次英荷战争。英国从抢掠商船发展成为抢掠殖民地，虎口夺食，硬生生从葡萄牙、西班牙和荷兰手中夺取了大片殖民地，成为新的海上霸主。

由于连年战争，英帝国陷入了严重的财务危机，政府债台高筑。当时的政府债券已经成了支付士兵工资的通用欠条，在百姓眼中变成一张废纸。可是，海盗文明的本性就是抢掠，没有战争就没法生存，仗还要继续打下去，国债还要继续发。在这样的背景下，如何重树国债的信誉，既能缓解沉重的债务危机，又能继续发行国债来筹钱打仗，就是英政府面临的问题和难题。

南海公司于1711年通过议会法案成立，创办者为出任过英国国务大臣、财务大臣以及安妮女王政府首相的牛津伯爵罗伯特·哈利。公司对外宣称主要业务是垄断专营英国本土与南美洲殖民地之间的商业贸易，实际上是想间接玩转英国政府债券。

我们得承认在海盗文明的世界里，抢掠，无论是明火执仗的抢掠还是暗度陈仓的抢掠，其手段和水平都是相当高的。既然真实的目标是要恢复国债信誉，继续玩转国债的游戏，按常理这样的事情应该交给专营的证券公司来打理才对。可是，在政府连年战争、债台高筑的情况下，证券公司的炒作已经发挥不了作用。所以，成立一家贸易公司而非金融证券公司，授予其对广大殖民地贸易的垄断专营权，再由政府高官站台，以议会法案形式支持，才能提振人们对这家公司的信心，吸引投资者的眼球。更何况，南海公司之“南海”，既指南美殖民地，也包括部分非洲殖民地。通过一系列战争，当时英国已经取得了原属西班牙的大片南美殖民地，也取得了原属葡萄牙的大片非洲殖民地，金矿、银矿、黑人奴隶、烟草等贸易额惊人，取得这样的南海垄断经营权，岂不就相当于开动了印钞机吗？

南海公司其后的发展果然顺风顺水，吸引了来自英国本土和欧洲大陆的大批投资者。在成立后短短的半年时间内，南海公司的股票上涨了700%，成为股票市场炙手可热的“香饽饽”。在南海公司股价狂飙的带动下，整个股市开始躁动和狂热起来。

南海公司在股价和预期价值被炒起来后，开始向公众推行国债换股票计划，即允许任何国债持有人到南海公司来兑换其股票。一方面人们对国债没信心，另一方面南海公司股票备受推崇，自然很多国债持有人愿意进行这种置换，哪怕是按市价将手中的债券价格大幅打折去换取南海公司股票都愿意。当时英国战争频发，国债负担太大，政府财政出现严重危机，大量士兵的薪水都是以国债债券支付。许多军人和士兵因生活所迫，急着将手里的国债变现，都愿意以对折的价格去南海公司兑换成股票。因为南海公司股票抢手，既能实现价格上涨，也能及时变现。

南海公司成功了。经过努力，大量的国债回笼到南海公司手里。当南海公司掌握了大部分的政府债券时，自然就可以对国债价格产生巨大的影响。在南海公司的操作下，国债价格开始回升，人们又开始对国债趋之若鹜了。

这个过程的完成，用时极短。但实际上，1711—1716 年，南海公司从未从事过对南美和非洲的贸易，一切都是编的故事。直到 1717 年南海公司才派了 3 艘航船去南美转了一圈。其实明白人都知道，当时真正从事殖民地贸易的是有皇家背景的东印度公司，直到 1775 年美国独立战争时还是如此。有政府和议会背景的南海公司不可能与有皇家背景的公司抢生意。

随着股价和国债收益的双升，南海公司赚得盆满钵满。由于南海公司在拯救政府国债信誉上作出了杰出贡献，它也获得了政府回报。政府承诺提升国债利率，这又使南海公司手中的巨额国债进一步升值。南海公司也在不断地增持政府国债，甚至一度出现与英格兰银行等多家专业金融机构争夺国债的局面。

到 1720 年，南海公司股价已经从最初的每股 1.2 英镑上升至每股近 1000 英镑，短短 9 年时间，股价上升近 1000 倍，南海公司的市值也超过了 3 亿英镑，这差不多已经相当于当时英国的 GDP 总额了。

同荷兰“郁金香泡沫”的故事一样，拥有南海公司股票俨然成了财富和地位的象征，它已经使整个不列颠变得疯狂：政治家忘记了政治使命，律师放下了官司，医生丢下了病人，神父也走下了神坛，所有人都开始疯抢南海公司股票，整个股市水涨船高，泡沫越吹越大。

然而，这市场上的事情没有永远的顺风顺水，否则怎么叫市场呢？

就在南海公司股价上升到接近1000英镑的峰值时，股价突然开始雪崩。自1720年8月开始，股价一个月内下跌至每股190英镑，到12月底，已经跌到几乎一文不值。无数投资者血本无归，大名鼎鼎的牛顿先生也损失了2万英镑（相当于今天的约800万英镑或7000万元人民币）。牛顿是贵族，输得起。但请注意，当时英国人年均收入不到100英镑。

南海公司泡沫破灭是必然的，但必然的结果通常由偶然的表象来引发。

南海公司真进行了南美和非洲贸易吗？没有。南海公司只有两个东西——政府债券和美丽的故事，当然还有政府背景和政府的背书。

南海公司本就是为解决国债问题而成立的。通过南海公司的操作，政府国债信誉不仅被彻底扭转，更是拥有了市值达3亿英镑的巨额财富。当时政府的国债规模约有5000万英镑，通过南海公司的操作，不但解决了债务问题，还额外吸纳了近3亿英镑现金。南海公司不只是解决了政府国债的信誉问题，更是把债务变成了相当于当时英国 GDP 总额的真金白银，为英国政府继续进行对外战争和殖民扩张筹足了钱粮。至此，南海公司的光荣使命基本完成了。

今天的史学者或经济学者通常把南海公司泡沫破裂的责任归咎于当时接替牛津伯爵出任公司总裁的布伦特，说他不应该主动游说议会立法，野心太大，容不得别人玩南海公司的把戏，只许自己玩。实际上，从南海公司的人事调整到议会立法，都是政府一手导演的。南海公司的使命已经完成了，该谢幕了。加上当时安妮女王已去世，正是导演谢幕剧的最佳时机，拿女王器重的昔日首相牛津伯爵做替罪羊，再合适不过了。所以，总裁换人，伯爵下狱，议会立法，刺破泡沫，就当是政府又做了一次海盗，只是这次不抢掠外国人，而是抢掠自己的人民罢了。

南海公司泡沫引发的金融危机带来的损失异常惨重。此后的英国股市萧条了 100 多年。代价虽然大，但那是股民们付出的代价，政府的目的已经达到了。南海公司手中的政府债券，政府可悉数收回，但价格只能是“地板价”了。南海公司上市时玩“债转股”，如今反过来“股转债”，一个来回，政府的债务消失得无影无踪，顺带赚取了约一年 GDP 的巨额财富，太成功了。

英帝国的确很“霸气”，既可以靠海盗营生发展强大，还可以玩金融游戏，否则怎么可能成为“日不落帝国”呢？

读历史，真相和数据固然重要，但真相和数据通常未必真实。但历史有一种真实是一定能读出来的，那就是历史的逻辑——前因与后果之间的逻辑。史学家对南海公司泡沫的解读无不回避英国政府的不光彩角色及其暴露出的海盗本性，但整个事件中英国政府手法再隐蔽也难逃智者的法眼。南海公司泡沫案无疑是人类金融史上第一次纯粹玩“空手套白狼”游戏的开山之作，它根本不需要考虑社会需求与经济需求的问题，只考虑政府的需求，凭空导演了一场金融灾难，洗劫社会，满足政府无尽的欲壑。

◆ 美国 1929 年金融风暴

1929 年美国股市雪崩引发的金融危机，以及紧随其后的全球经济大萧条，距今不太久远，大家应该都比较熟悉，在此不再详细描述，重点讲如何解读。

第一次世界大战时期美国大发战争财，从战前的债务国一跃成为债权国，世界经济和金融中心也开始转至美国。这是 1929 年美国股市雪崩和 20 世纪 30 年代金融危机与大萧条的背景。

成为世界经济和金融中心后，美国迎来了前所未有的经济大发展，包括金融业的空前繁荣。

此前，英帝国首都伦敦是世界金融中心。如前所述，在以“皇家海盗”为班底的“皇家海军”强有力的支撑下，英帝国经过若干年的战争与抢掠，先后打败了西班牙、葡萄牙、荷兰和法国等国家，硬生生打出了“日不落帝国”的地位，而且在 18 世纪 20 年代就已经把金融游戏玩得炉火纯青。当世界金融中心从伦敦转移到纽约，玩金融游戏的班底将平台从伦敦搬到了纽约华尔街，此时监管者变成了美联储、纽交所和美国政府。

一战中获得的巨大收益以及大战结束后世界经济金融中心的转移，使美国人信心爆满，人们开始对投资充满激情。当然，从伦敦转移过来的银行金融业的玩家们是背后的主导力量，这是他们的本性，也是他们的职业。他们鼓噪的内容无非是美国已经成为世界老大，已经是全球的经济金融中心，战争中又发了横财，已经变得超级富有（就如同大航海和殖民经济使欧洲变得超级富有一样），战后欧亚大陆的重建还会给美国带来更大的商机。总之，美国的经济和社会发展前景不可估量，大投资和大发展的光明时代就在眼前，千万不可丧失投资机会。

事实上，一战后的美国经济的确表现非凡。1919—1929 年，美国 GDP 从 766 亿美元上升至 1037 亿美元，失业率从最高时的 11.3% 下降至 2.9%，股指也上涨了 226%。工农业生产、建筑业和出口均表现出一派繁荣的景象。尤其值得关注的是，在这种高增长的情况下，美联储并没有实行宽松的货币政策，而是稳中偏紧，10 年间 M2 只增长了 33.6%，政府也没有搞财政扩张，相反逐年缩紧开支，财政收入从 1919 年的赤字 134 亿美元增长为 1929 年的盈余 8 亿美元。

在已知的人类经济史上，在没有货币和财政扩张政策的情况下，能有如此惊人的经济高增长，实属罕见。如果单纯看几大宏观经济指标数据，毫不夸张地说，人类经济史上没有比这 10 年更健康的经济表现了。今天的人们回顾这个“黄金 10 年”，通常用“疯狂的 20 年代”来形容。

对 1929 年大危机以及其后 10 年的经济大萧条，经济学界存在各种各样的解读，但真正令人信服的几乎没有。有人归因于货币和财政政策的紧缩，有人归因于货币的泛滥，有人归因于房地产业的过度膨胀，有人归因于人口增长率的降低。货币主义学派认为是金本位制的错，凯恩斯主义认为是政府对市场过分的自由放任所致，社会主义者则认为是分配不均和经济组织不稳定所致……种种分析解读，莫不从经济学流派各自的角度出发而失之偏颇。

其实，只有一个答案是正确的：经济金融危机的背后推手，是人性的贪婪和金融业投机的本性。

尽管这 10 年的经济数据、金融数据和财政数据都表现得无懈可击，但隐藏在宏观数据背后的微观细节却能提示健康背后的病灶所在。问题固然出在股市，股市表面是经济的晴雨表，实则是货币的晴雨表。只有现金不断地注入股市，股市才可能有持续高涨的行情，这是硬道理。

危机源于货币泛滥的观点显然不符合事实，因为美联储的银根一直偏紧，没有放水。在经济高增长的情况下，居民的收入也在高速增长。但居民存款数据显示，这 10 年间居民活期存款增长了 12.3%，居民定期存款增长率高达 80.3%[①]，这充分说明居民

① [美] 乔森纳 · 休斯等著：《美国经济史》，上海人民出版社 2013 年版，第 506 页。

收入的大部分都进了银行，哪来的钱炒股呢？

分析流入股市的资金来源，可以找到两个最主要的资金提供者，一个是贷款经纪人，另一个是投资信托基金。后来的数据分析显示，进入股市的资金主要不是来自正常的银行机构和普通投资者，而是来自上述两大群体。在美国经济表现良好的背景下，股市初期的上涨或许是正常的经济晴雨表的体现。股市一旦有了热度，金融玩家们就开始“趁热打铁”了。

约翰·肯尼斯·加尔布雷思在《1929年大崩盘》中披露的数据表明，1922年成立的“美国创业集团”以500美元起家，到1929年其资金规模已经超过10亿美元。这种投资信托公司的成功案例激励了无数金融玩家投入股市炒作的行列。到1928年美国已经有186家信托公司，到1929年更加疯狂，光这一年信托公司就增加了256家。一家信托公司的资金规模能达到10亿美元，440多家信托公司掌控了多大的资金规模？另外，到1929年，贷款经纪人群体掌控的资金规模也高达85亿美元。如此大规模的资本进入股市，居然只有18亿美元是来自受美联储监管的银行机构，其余全是来自社会资本①。

社会资本又来自哪里？虽然普通居民的存款尤其是定期存款增长率高达80.3%，但这些资本肯定不是普通居民的。进入股市的钱，一方面来自有钱人，另一方面来自企业。面对股市的炙热，有钱人和有钱的企业不再把余钱用于实体投资，而是转向了

① [美] 乔森纳·休斯等著：《美国经济史》，上海人民出版社2013年版，第512–513页。

股市投资。他们把钱借给贷款经纪人和投资信托公司，利率高达20%[1]，是同期银行利率的4～5倍。到1929年初，仅标准石油公司每天拆借给贷款经纪人的款项金额就高达6900万美元，电力债券和股份公司的拆借额更是高达每天1亿多美元[2]。贷款经纪人再拿这些钱去给股民进行场外配资，利率自然更高。信托公司可以自己炒股，也可以借贷给证券公司和基金公司。总之，大量的货币资金开始在银行体系外运行，并进入股市。

到1929年2月，面对股市的疯狂，美联储坐不住了，开始严格限制资金流向股市，将银行贴现率从4.5%提升到5.5%，8月再提升至6%。然而，那些流入股市的资金大部分不是来自银行，美联储的举措无济于事。银行加息，对股市没有丝毫影响，反而导致实体经济出现疲软迹象。

1929年9月3日，以提出"股市是经济晴雨表"论断而声名鹊起的罗杰·沃德·巴布森第一个站出来指出股市已经疯狂，很快会开始下跌，但遭到了几乎所有人的嘲笑。从总统到哈佛经济学会的专家们，从证券金融机构到股民，都在鼓吹美国经济状况非常健康，不用担心。著名学者欧文·费雪针锋相对地宣称，股市远未达到其内在的价值。著名的证券交易杂志《拜伦》甚至公开攻击巴布森，说他应当为错误言论负责，为股市的下跌承担责任。

---

① [美]乔森纳·休斯等著：《美国经济史》，上海人民出版社2013年版，第514页。
② 同上，第511页。

“股市是经济的晴雨表”没有错，但那是在正常的情况下。当股市开始脱离实体经济而表现异常的时候，它就不再是经济的晴雨表，而是一种纯粹的货币现象，变成了被金融玩家们操控的金融游戏。

1929年10月24日，股市开始雪崩，股民们在劫难逃。当然，那些幕后操控者早已赚得盆满钵满，而且已经套现走人了。一个惯常的表现是，每当股市开始疯狂，有人提醒风险，更有人开始歇斯底里叫嚣股市风险还远的时候，基本上是幕后庄家撤退之时。很可惜的是，多少年来，人们从来没有认真分析过到底是谁在股灾到来的前夕逃跑得干干净净。

1929年股市雪崩是人类历史上最严重的股灾之一，导致的后果不仅是股指下跌幅度高达90%，更可怕的是引发了其后长达10年的全球经济大萧条。

1929年，美国GDP为1037亿美元，失业率为2.9%，政府财政盈余8亿美元。到1933年，美国GDP为564亿美元，失业率为20.9%，政府财政赤字为9亿美元。尽管1933年开始实行“罗斯福新政”，但到1939年，美国GDP也只有922亿美元，失业率仍然高达11.2%，政府财政赤字为21亿美元。大萧条时期，美国31076家银行中倒闭了14820家，接近50%的银行破产[①]。尽管“罗斯福新政”实施期间制定了一系列法案，对经济进行了凯恩斯主义强调的强力干预，进行了大规模公共工程建设，成立了

①［美］乔森纳·休斯等著：《美国经济史》，上海人民出版社2013年版，第550页。

无数的政府部门来养人（一个公共工程管理署就雇用了800万管理人员），但失业问题依然难以解决，经济增长乏力，美国经济深陷泥沼无法自拔。

谁能拯救美国经济？

战争才能拯救美国经济。

美国靠第一次世界大战崛起，面对经济危机依然得靠战争才能再次崛起。美国人很幸运，就在10年大萧条越来越严重，远看不到复苏希望之时，第二次世界大战爆发了。美国迅速进入了战时状态，以“计划经济”模式管理经济，加足马力生产，向参战各国出售武器装备和战争物资。1939年，美国出口总额仅2.5亿美元，到1945年8月，美国出口总额已经高达500亿美元，除了援助部分，净出口总额也高达420亿美元。短短5年多时间，美国对外出口增长了20000%（200倍）[①]。美国经济学界称二战时期的美国经济为美国的“战时繁荣”。

今天的人们对美国1919—1929年的“黄金十年”、1929—1939年的“大萧条十年”以及1939—1945年的“战时繁荣”有各种各样的解读。我想说的是，这段历史难以读出美国制度的优越性，繁荣是因为战争。没有战争的年代，是战后世界的恢复性需求和增长在带动美国经济。恢复性增长期一过，美国经济就会出现危机、衰退甚至大萧条。一战之后如此，二战之后依然如此。

①［美］乔森纳·休斯等著：《美国经济史》，上海人民出版社2013年版，第572页。

上文对世界经济史上最著名的三次金融危机及其引发的经济危机进行了简述和简评。当然，人类经历的金融和经济危机远不止这些，在1929年之前的100多年里，西方社会先后出现过十多次金融危机，只是程度不同而已。1825年、1836年、1847年、1857年、1866年、1873年、1882年、1893年、1901年、1903年、1907年和1920年，都曾发生过金融危机，几乎是每10年一次，到后来开始加速，几乎是3 ~ 5年一次。二战后，全世界进入了长达30年的恢复性增长期。恢复性增长过后，1987年美国再次爆发金融危机，并引发严重的经济滞胀危机。

在这个时候，中国已经实行改革开放，巨大的东方市场成就了美国经济和西方经济。在自由主义和全球贸易的旗帜下，美国经济又经过了20年相对健康的发展。到2007年底，美国再次爆发次贷危机，引发金融危机。金融危机，似乎是西方经济社会的一个魔咒，阴魂不散。2007年爆发金融危机之后，美国政府通过持续的量宽政策带来了股市和经济十多年的表面繁荣。但这种繁荣也不可能永远维持下去，危机定会再次爆发。

自西方人发明现代货币金融体系之后，为什么会如此频繁地爆发金融危机?

要寻找正确答案，我们得再次回到“金融的本质到底是什么”这个原始问题上。

再说金融的本质

在回顾了货币的诞生和金融简史之后，我们再次归结一下金融游戏的核心概念：第一，货币超发；第二，金融杠杆；第三，货币乘数；第四，“庞氏骗局”；第五，郁金香式的资产价格炒作；第六，南海公司式的“空手套白狼”；第七，美国 1929 年式的场外配资和逃避监管。尽管金融游戏的花样不断翻新，但本质就是一个字：虚。正因为“虚”，今天的人们开始将金融产业称为虚拟经济。

人类为什么明知其“虚”而仍然对其趋之若鹜？

货币作为一般等价物具有流通手段职能，这毋庸置疑。因为有一般等价物功能，所以货币是财富的代表，这也不用怀疑——至少在硬通货币时代是这样的。

纸币出现后，纸币变成了货币的符号。由于纸币可以超发，货币符号与实际的财富之间出现了不等价的局面。不等价，还是一般等价物吗？已经不是了。

因为有政府的信用担保与背书，此时的符号化货币只是政府的信用凭据，它的真实价值代表着政府债务（以政府举债方式向市场投放货币）或者政府税收（通过超发和乘数效应稀释人们手中的真实财富值来收取“铸币税”）。从这个意义上讲，现代货币已经不代表财富，而代表债务和税负。

但是，货币仍然有支付功能。因为金融系统能玩“钱生钱”

的游戏，谁手中拥有大量货币，谁就可以通过“钱生钱”来获取更多的钱。这决定了人类追逐财富的欲望最终表现为追逐货币。

货币本身不创造任何价值，但货币可以通过投资进行要素组合来创造价值。由于市场机制，要素要通过货币购买，货币自然是诸要素中最重要的要素之一了。所谓资本为王，原因就在这里。但是，假如生产的组织方式不是市场的方式，那么资本为王就不存在了。人类也经历过不需要货币的计划生产方式，尽管效率不高，但至少证明货币实际上是可以替代的。

以货币资本为龙头，通过市场配置的方式进行资源配置和要素组合，是目前实践证明最有效的生产方式之一，能大幅提高效率。这种效率被称为市场的效率而非货币的效率，这是因为没有货币也可以有市场——物物交换。在没有货币的情况下，物物交换的效率比货币作为中介下交换效率更低，这是肯定的。所以，市场的效率在很大程度上是由货币的中介和组织作用决定的。这决定了人类追逐财富创造的效率最终表现为追逐货币流通与增值的效率。

纸币诞生后的货币流通效率的提升通过汇兑的便利性来实现，那么货币增值是否通过组织生产和交易来实现？答案是肯定的。生产和交易创造价值，在货币总量不变的情况下，一定能实现货币增值。但请注意，货币增值与货币增多是两个不同的概念。增值是相同的货币能买更多的东西，增多是货币量增加，购买力却下降。货币超发、金融杠杆和乘数效应，都会导致货币增多而非增值。从这个角度看，货币金融体系虽然能通过组织生产和交换实现社会价值总量的增加，但更多是导致货币总量的增加。货币超发量、金融杠杆率和乘数效应越大，货币总量就越大，货币贬值就越多。

所谓钱生钱的游戏，不管以什么方式出现，其表现是自己手中的货币量增加了，全社会的货币总量也增加了，但货币实际对应的真实财富总量却没有变。部分人玩金融游戏挣到更多的钱，其实是通过货币增量的扩张实现的，或者是从别人的手上转移而来。社会真实的财富总量并未因金融游戏而增加，这就说明金融游戏只会产生货币扩张和货币转移两种结果，前者实为变相剥削，后者实为变相抢掠。

基于剥削和抢掠的游戏能持续吗？

当然不能！这就是金融危机不断爆发的根源之一。

正在酝酿的金融革命

面对金融危机造成的伤害，人类其实已经明白了金融到底是什么。今天的人类，渴望流通一种类似硬通货币时代没有剥削和掠夺功能的货币。

于是有人主张回到金本位时代。这并非不可以，但黄金和白银作为贵金属的时代已经过去。今天的黄金、白银与铜和铁一样不过是现代工业生产使用的一种材料，随着科技的进步，其产量也日益增加，其作为装饰品的价值也正在减弱。这决定了黄金和白银这种硬通货币已不再硬通了。

另外，即便回到金本位制，通过黄金进行定价也很难实现合理的全球货币定价与汇兑机制。今天的世界并非没有黄金市场。国际黄金市场的价格波动幅度一直都非常大，为什么？就是因为黄金已经丧失了硬通货功能，其定价功能还不如石油。石油是目前人类离不开的原料，只有这样的实物才可以承担硬通货的使命。事实上，二战后的国际金融市场是黄金和作为霸权货币的美元的价格在围绕石油价格波动，而不是相反。这在一定程度上否定了货币制度再回到金本位制的可能性。

那么，发行一种石油货币行不行？也不行。因为人类正在进行能源革命，过不了多久，石油也将退出历史舞台。人类的科技进步速度越来越快，各种可能的硬通货都会是昙花一现，很难找到一种永久的硬通货币了。

这是否意味着金融革命已经没有了可能？

当然不是。既然科技在改变一切，希望也就存在于科技创造之中。

以比特币为代表的各种“数字货币”已经运行了十多年之久，虽然极少被认定为各国的法定货币，但也得到了包括德国政府等少数政府在内的越来越多的认可。

数字货币依赖区块链技术，能够避免货币行政机构的控制，也能整治货币超发、金融杠杆、乘数效应、“庞氏骗局”等传统金融系统存在的痼疾。至少在理论上，数字货币能满足人类对货币金融系统进行变革的愿望。我们也知道，愿望或者希望的存在会促使人类去想办法满足它们，就如同人类文明史上一切技术变革与进步一样。

数字货币具备成为法定货币的可能性，但二者距离还很遥远。毕竟传统的货币金融运行机制是人类目前调控经济的主要手段之一，很少有政府愿意交出这一主权。请注意，货币发行是一种主权，这是数字货币普及的最大障碍。

目前出现的数字货币成千上万，被广泛接受的也有十几种。但由于数字货币不是法定货币，目前的唯一价值就是成为一种预期资产的炒作对象。炒作是因为数字货币能变现为法定货币。从这个意义上讲，目前的数字货币并没有实际的货币功能，取代法定货币还不太可能。

但是，数字货币的原理与机制已经得到了越来越广泛的共识，就是人类希望以没有剥削与掠夺功能的“良币”取代有剥削与掠夺功能的“污币”，这种欲望与需求是推动数字货币前行的动力。事实上，比特币等主要数字货币已经得到了全球性的广泛关注与追捧。但因为数字货币不是法定货币，其加密性和隐秘性又成了法定货币洗钱的最佳通道，所以暂时受到很多国家政府的限制或打压。

数字货币的本质就是除去传统货币之痼疾，这才是它的生命力。数字货币成为法定货币需要多久，我们还不知道，但不管多久，这是必然趋势。这个趋势的出现，意味着货币和金融革命的号角已经吹响。人类应该尊重自身对经济社会发展的需求，毕竟金融是服务于经济社会的，而不是相反。

第7章　楼价跌下去与经济活起来

工业化和城市化发展促进了经济的增长，提升了人们的生活水平，城市里的高楼大厦和精致的装修为人们提供了舒适的居住环境，这本是促进生产力增长的结果。

然而，楼市经济出现的一个悖谬是，高速发展的楼市经济和超高的楼价并没有给普通百姓带来居住需求的满足，反而是绑架了百姓，使人变成了房子的奴隶。实际上，不是楼市经济为人民服务，而是人民为楼市经济服务。这是继金融经济之后，又一个本末倒置的领域。

金融业的本末倒置导致了一次又一次的金融危机和经济危机，楼市也不例外。

历史上的楼市泡沫危机

我们都知道日本曾出现楼市泡沫破灭事件，实际上比这更早的楼市泡沫经济出现在20世纪20年代的美国。正因如此，一些经济史学者认为当时的楼市泡沫才是1929年股市雪崩的根源。

如前所述，一战后的美国出现了空前的经济大繁荣，这其中也包括楼市。1919年美国楼市年度开工总价只有6.3亿美元，到1927年，年度开工总价增长了近一倍，达到12.1亿美元，此后这种增长速度一直持续至1929年。1919—1929年，楼市新开工项目总价上涨了192%，行业收入上涨了80%。与此同时，1919—1929年，美国人口增长率却是下降的，从1919年的2%下降至1929年的1.5%。[①]

在1929年10月的股灾到来之前，美国楼市率先崩盘，房价开始大幅下跌，而且销量也大幅下滑。但由于紧接着来了更猛烈的股市崩盘，人们更多地关注股市。尽管我们不能从楼市这一个方面对股市崩盘以及其后长达10年的大萧条下结论，但从时间上看，楼市崩盘在先。楼市崩盘未必是股市崩盘的决定因素，但它引发了股市崩盘是没有疑问的。

此次楼市崩盘的影响也是极其严重的，直到1945年，美国楼市开工总价仍然没有恢复到1929年的水平。

当然，在市场经济体制下，楼市和股市一样，都是货币现

① [美] 乔森纳·休斯等著:《美国经济史》，上海人民出版社2013年版，第504–505页。

象。只要有足够多的钱，金融玩家们总得炒某样东西，如1630年炒荷兰郁金香，1710年炒英国政府的国债或者是虚拟的南海资源等。总之，正如第6章所描述的，不是炒资产价格，就是炒证券价格，这是金融的本质决定的。只要有足够的自由度，资本一定会兴风作浪。从这个角度讲，楼市泡沫的背后依然是金融的问题。

因为20世纪90年代日本楼市泡沫破灭距今不远，在此仅做简单述评。

相对而言，日本的楼市价格暴涨与20世纪80年代日本经济大繁荣的背景不无关系。20世纪80年代，日本的制造业迅速发展并大量出口，日本变得非常富有，促进了金融产业的大繁荣，日本也进入了证券期货和全民炒股的时代，尤其是80年代后期，金融资本迅速扩张。比如，1985年信托基金规模还只有9万亿日元，到1989年迅速上升至43万亿日元。企业也开始成立财务公司，直接参与金融市场的炒作。当时日本流行的观念是“企业财务不懂理财就是无能”①。这与20世纪20年代的美国极其相似。

1985年，石油价格暴跌导致著名的“广场协议”诞生。日本持有美元多，被美国强迫抛售美元，导致日元大幅升值。其后果就是日本国内出现严重通缩，物价指数从8%降至1%甚至一度

① 参见[日]野口悠纪雄著：《日本战后经济史》，民主与建设出版社2014年版，第192–193页。

变为负值，银行利率也从 9% 一路降至 2.5%。[①]

笔者一再讲一个常识：外汇汇率的变化取决于货币市场的货币交易。美国希望通过美元贬值来抬升油价，为了使美元贬值、日元升值，逼日本在外汇市场大量抛售美元。日本这样做了，效果也非常明显，美元果然大幅贬值。可出人意料的是，美元的大幅贬值导致 1987 年美国股市暴跌，股指在几天时间内下跌超过三分之一。这或许是美国经济本身已经出现了问题，美元贬值成了打击人们信心的导火索。

美国经济出了问题，但美国凭借自己的霸权逼日元升值，表面上是为了抑制油价，实则是抑制日本出口，最终导演了“美元有病，逼日本吃药”的荒诞剧。

在出口和实体经济受到日元升值影响的情况下，日本的金融资本开始向楼市转移。1987 年首先在东京出现炒地热潮，东京地价疯涨。1987 年东京地价较上一年增长 23.8%，1988 年再上涨 65.3%。在这种情况下，日本政府并没有想办法平抑地价，而是于 1988 年出台《国土利用白皮书》，明确指出“东京附近为中心的地价上涨是由实际需求所引起的”[②]。

我们知道，目前的人类经济和金融史证明，人类社会不曾出现过真正的绝对自由市场，政府从未放弃过对经济的干预。历次

---

① 参见 [日] 野口悠纪雄著：《日本战后经济史》，民主与建设出版社 2014 年版，第 176 页。

② 同上，第 194–195 页。

金融危机无不证明了这一点。炒作地价并引发楼市价格狂飙，是否是日本政府在受到美国打压情况下为进一步发展本国经济，创造内需而为？这没有直接的证据。但从当时政府的表现看，通过楼市来拉动内需很可能是日本政府主导的经济发展方向。

与楼市热潮相伴的是日本股市的狂热。1983 年日经平均股价是 8000 日元，到 1987 年已经上升到 26646 日元，1989 年上涨至 39815 日元，几年时间就上涨了近 4 倍[①]。

1990 年 1 月 4 日，日本股市开始掉头向下，至同年 10 月，日经平均股价已经从峰值跌去一半。楼市在坚持了一年多后，也于 1991 年 7 月开始掉头向下，地价当年下跌 14.7%。到 2004 年，地价指数已降至峰值的四分之一左右。股市和楼市双双崩盘，导致了整个金融体系的危机，一些证券公司和银行倒闭，大量不动产因无法变现导致银行出现巨额不良资产，不良资产总额高达 96.78 万亿日元，即所谓“无法收回的百万亿日元”，而处理这百万亿日元不良资产直接导致了 10.43 万亿日元的损失。[②]

日本楼市危机，实际上就是金融危机。这场危机的背后，除了“广场协议”，还有一个大背景就是 1997 年开始爆发的亚洲金融危机。回顾那段历史，我们很容易联想到，从“广场协议”到亚洲金融危机，更像是美国设下的一场挫败日本崛起的连环套。

---

① 参见［日］野口悠纪雄著：《日本战后经济史》，民主与建设出版社 2014 年版，第 194 页。

② 同上，第 218 页、第 229–232 页。

1987 年日本人均 GDP 开始超过美国。1995 年，日本人均 GDP 已经比美国高 48%。或许 1989 年日本出版《日本可以说不》深深地刺激了美国。当然，美国打压日本，主要还是为了拯救本国经济。面对美国打压，日本采取了“配合自杀”的政策。日本的股市和楼市危机早在 1990 年就开始爆发，直到 2004 年才逐渐平息下来。这期间发生的亚洲金融危机，从某种意义上讲，使日本的楼市和金融危机进一步扩散和加深。

亚洲金融危机于 1997 年 7 月 2 日首先从泰国开始，迅速波及中国的香港和台湾地区，以及整个东亚和东南亚，先是引起外汇市场的剧烈震荡，接着波及股市和楼市，引发地产和金融业的一场巨大灾难。从本质上讲，这场灾难是日本地产泡沫引发金融危机的扩散。

谁的需求与谁的满足

我们必须考虑一个最根本的问题：炒楼的欲望与需求到底是谁的欲望与需求？天价楼市又满足了谁的欲望和需求？

广大民众有住宅需要而且是刚性需要，但未必是需求和刚性需求。经济学之所以要区分需要与需求，原因在于需要和需求之间有一条需要逾越的鸿沟。逾越这条鸿沟，需要的是钱。只有当人们有钱了，需要才可能实现，所以经济学以需求表示有真实购买力的需要。经济学讲供需均衡也是指供给与需求的均衡，而不是供给与需要的均衡。这虽然是经济学常识，但现实中很少有人信守这一基本准则。在楼市问题上，这一现象表现得尤为突出。

人类自古有“量入为出”的行为准则。这既是一个国家制定与实施经济社会发展规划的行为准则，也是居家百姓齐家理财的行为准则。《礼记·王制》有云：“冢宰制国用，必于岁之杪，五谷皆入然后制国用。用地小大，视年之丰耗。以三十年之通制国用，量入以为出……”① 今天的经济学，尤其会计学也以收支平衡为基本准则，通过资产负债率来反映一个国家、一个企业以及任何个人的财务健康状况，一旦负债大于资产，就意味着事实上的破产。之所以如此，是基于一个自然法则：存在和拥有是前提，消费基于真实的拥有，不能基于想象中的拥有。或者说，消费应该基于资产，而不应该基于负债。

正因如此，市场经济追求的是供需均衡。市场的供需均衡尽管是动态的，但需求是大前提。没有需求，向谁供给？在萨伊定律的时代，人们相信“供给创造需求”，是基于物质匮乏这个前提。在物质过剩的时代，说“供给创造需求”，如何实现？

即便是在物质匮乏的时代存在刚性的需要，但要想实现“供

①《礼记·王制》是中国古代治国理政的规章制度，是较早阐述国家法律制度的古代文献，其内容涉及封国、职官、爵禄、祭祀、葬丧、刑罚、建立城邑、选拔官吏以及学校教育等多个方面。此引文出自《王制》之《爵禄》部分，“量入为出”一词出于此。

给创造需求”，还必须实现一个转化，即将刚性需要转化为刚性需求。实现了这一点，“供给创造需求”才可能成立。实现这种转化的路径就是供给定律和需求定律所揭示的道理。

供给定律告诉我们，供给量与价格成正比关系，价格越高，供给量就越大。请注意，这里是以价格为核心（自变量），供给量围绕价格变动。需求定律告诉我们，需求量与价格成反比关系，价格上涨，需求量就减少。这里同样是以价格为核心（自变量），需求量围绕价格变动。

现实中，需求与供给的关系通常表现为需求量改变价格，价格改变供给量，或者反过来供给量改变价格，价格改变需求量。但无论谁改变谁，市场的目标在需求一方，没有需求，何来市场呢？这其中，价格只起传导作用。

需求基于需要，把需要转化为需求才是经济增长的关键。

将需要转化为需求，除了在需求侧想办法（比如通过改善福利增加人们的可支配收入，从而提升购买力），还可以在供给侧想办法。

在物质匮乏的前提下，“供给创造需求”的逻辑是，通过扩大供给导致供过于求，从而促使价格下降，使一些有需要而没购买力的人因为降价而变得有购买力了，于是就促使了需求的扩大。

我们经常讲科技创造需求，科技为什么能创造需求？因为科技通过提高生产效率来降低成本，成本下降就会引起价格下降，这同样会使一部分没有购买力的需要转化为有购买力的需求。当然，这也是在物质匮乏的前提下。在物质过剩时代，要改变需求，得靠科技创新来改变人们的生产生活方式，从而创造出更多的需求。

综上所述，无论是企业还是个人，是否有需求取决于“量入为出”的财务平衡原则。将需要转化为需求，最好的办法就是降价和创新。

现代金融业出现之后，人们又发明了一种新的办法——通过信贷杠杆向企业或者个人转移财务杠杆，以促使其需要向需求转化。如果说金融杠杆放大的是资本需求，企业或个人的信贷和财务杠杆放大的正是消费需求：你们有各种需要却没有购买力，我借钱给你们，有钱不就可以购买了嘛。

如果是纯粹的借贷，还要综合考虑偿还能力。虽然借钱的一方会很高兴，但出借的一方得十分谨慎，一旦借方信用透支，出借方就会血本无归。这是传统的信贷方式。

以购买的商品为信用担保（抵押）进行借贷，这是一个创举，发明者是伦敦和华尔街的金融玩家们。这样做的前提是：用以抵押的商品一定是某种比货币本身更有价值甚至更具流通性的硬通货，否则要以之抵押，建立长达几十年的借贷关系就不太可能。但是，现代金融系统就敢这么做。

杠杆效应既体现于以小博大，也体现于以未来博现在，通过借新还旧来维持运转。金融玩家们自然深知其中玄妙。让每一个人都能通过透支未来以满足当下的需要，即通过透支未来将眼前需要转化为需求，就能创造巨大的需求市场。

住房是部分人的刚性需要。房价多高才算合理？目前主要有三种指标，一是房价收入比，二是住房可支付性指数，三是房屋租售比。

房价中值与年收入中值之比，反映人们需要工作和积累多久才能买得起房子。按国际公认的合理标准，房屋总价 / 年收入应该小于 6，也就是说人们最多积累 6 年的收入，就可以买到理想的住房。这里的年收入应该是可支配收入。2018 年中国人均可支配年收入为 2.8 万元，这意味着正常的人均住宅价值应该不超过 16.8 万元，按相对刚需的人均 40 平方米住房面积计算，合理的房价应该是 4200 元 / 平方米。

国际公认的正常消费结构中，每月用于房子的消费支出不应该超过正常可支配月收入的 30%，否则就意味着正常生活会受影响。按 2018 年中国人均可支配年收入 2.8 万元计算，合理的月均住房支出应该不超过 700 元。按这个标准，想要积累 16.8 万元的购房资金 6 年显然不够，而是需要 20 年。这个时间显然太久了，尤其是年轻人需要安居，然后才能放心地结婚生子，等 20 年都等成老人了。怎么办？

金融玩家们看到了其中的玄机：靠积累不可能，可以靠借贷，把 20 年的积累变成 20 年的还债。这看起来是非常好的解决办法。如果金融和房地产商不从中牟取暴利，保持合理房价不超过4200元/平方米，经济发展也始终良好，人均可支配年收入保持不低于2.8万元的水平，那么解决住房问题就不困难了。

但现实的情况是，住房均价和房贷月供远远超过这个理想模式，并且早已不是一倍两倍，而是几倍或十几倍。

远远超出人们可支配收入的高房价，靠什么支撑？靠的是房贷，用未来的收入支撑今天的消费，强行将今天的需要转变为需求。这种强行转化产生的需求，不是真实的需求，因为它并没有真实购买力作为支撑。支撑这种消费的不是资产，而是负债，是透支的每个人的未来。

通过金融借贷，人类突破了“量入为出”和收支平衡的原则，开始基于负债而非资产来满足需求，扩大消费。这直接导致传统的市场供需均衡理论沦为“伪学说”。市场需求似乎不再需要购买力的支撑，有了货币超发、金融杠杆、货币乘数等一整套理论和基于这些理论的层出不穷的“金融创新”，人类的“需求”似乎变成了无穷大的“欲望宇宙”，无边无际，还能得到满足。

然而，当人们开始被高房价压得喘不过气来，纷纷叫苦自己变成了“房奴”的时候，楼市创造的“需求”就是百姓的“需求”吗？

这“需求”恐怕不是百姓的，而是魔鬼的。魔鬼在不断地创造人间“需求”，而且“要鬼捉不到，抢在人前跑——魔鬼正在这么做”[1]。

经济怎样活起来

经济结构调整和转型升级，从根本上讲就是要从楼市和金融业的泡沫经济转向实体经济，转向科技创新。转型能否成功，其标志就是楼市天价能否降下来，楼市和金融的泡沫是否被刺破。

当然，楼市价格下降，有个方式方法的问题。人类经济金融史一再证明，无论是金融市场还是楼市，雪崩式下降会造成严重的经济和社会危机，所以人们希望“软着陆”。但请注意，“软着陆”绝不是不着陆，而是慢慢地下降。比如过去涨了20年，那么就让它下降20年，让房价逐步回归合理水平，回归老百姓承担得起的水平，回归真实的有购买力支撑的水平。

在楼市价格依然居高不下的情况下，经济增长的“三驾马车”中，投资已基本失效。投资力度越大，泡沫越严重，不但解决不了问题，还会使问题更严重。在中美贸易摩擦的背景下，出口也会受到严重的影响。因此，拉动内需这一条路是可行的，也是行之有效的。

拉动内需靠两种方法：一是科技创新，因为创新能创造需

---

① [美]道格拉斯·多德:《资本主义经济学批判史》，熊婴、陶李译，江苏人民出版社2008年版，第296页。

求；二是减税和改善福利水平，使老百姓摆脱房价的捆绑，有闲钱用于房子之外的消费，从而提升整体的购买力和消费能力。为此，可以借鉴新加坡的模式，把住房保障纳入社会保障范围。老百姓不做“房奴”了，不做“月光族”了，消费能力自然就会快速提升。

所以，笔者一再讲一个逻辑关系：楼价降下去，经济才能“活起来”。而且，只有房价降下去，老百姓才能摆脱“房奴”的痛苦，转而从其他需求的满足中感受到幸福。

■ 从城市化到逆城市化

楼市的发展随着城市化进程而推进，城市化进程随着工业化而推进。这是西方几百年工业化和城市化进程的历史，也是中国几十年改革开放、工业化和城市化的客观历史。

随着后工业时代的到来，随着网络技术和现代物流的高速发展，传统集约化产业集群的工业模式正在发生改变，产业配套和技术配套可以借助快速的网络互联、物联与现代物流来解决。在订单式生产与零库存的情况下，同样可以在极短的时间内完成各种配套。

尤其在 5G 时代，超高速的网络互联和物联将彻底改变人们的生产生活方式。人们不再需要集中在一起办公，网络互联和物联能将世界任何一个角落的人联系到一起，就如同大家在同一间办公室里办公一样。

人类的购物方式也在发生深刻的变化，网购已经成为购物的主要通道，人们坐在家中通过手机下订单，快递员可以送货上门。生活品的同城物流配送基本上已经做到半小时内送达，其他异地网购的商品很多也能在24小时内送达。人们集中居住，集中进行生活物资配套的传统模式正在失去其必要性。

生产、办公、购物的方式发生变化，工业化时代所需要的集中和集群效应正在失去其意义。所以我们能够看到，今天的高科技和信息技术、现代金融和服务业正日益成为经济增长的新支柱。2018年，美国第二产业占GDP的比重只有18.6%，但第三产业占GDP的比重高达80.6%；中国第二产业占GDP的比重高达40.65%，第三产业占GDP的比重只有56.5%。这意味着什么？意味着美国已经进入后工业时代，工业化和城市化不再是经济社会发展的主流方向。中国则正在加速迈向这种后工业时代。

西方发达国家经历了几百年的工业化和城市化历程之后，形成的城市形态并非过分集中的大规模城市，而是中小城镇。超级大城市在西方很少，过千万人口的城市，全世界也只有巴黎、东京、首尔和曼谷，其余的全在中国。美国未出现一座人口过千万的超级大城市，最大的城市纽约只有800多万人口，人口过百万的城市不到10个，更多的是几万人至几十万人的中小城镇。此外，美国人基本都住在乡下别墅，城市中心的高楼大厦除了办公，就是用于临时性休息的酒店和客房，以及暂时买不起房子者的过渡住房。这种状况，笔者称为逆城市化现象。

随着制造业升级和高科技产业、服务业的发展，中国产业结构的重心势必进一步向第三产业转移。

随着生活水平的提高，人们的需求结构会进一步变化。在后工业时代，当人们不再被工业化和集约化捆绑时，自然就不必再依赖城市化而生存。人们对城市精致生活的向往也会逐渐向具备空间感和自然感的乡村或中小城镇转移。

我国修改《中华人民共和国土地管理法》，目的是进一步盘活农村土地要素的价值，这无疑是对推进逆城市化进程的一种政策性支持。农村要“活起来”，需要土地流转先“活起来”，同时必须有充分吸引城市资本、技术和人才下乡的吸引力。今天农村的水、电、路等基础设施建设已基本完成，农村医保等社会保障体系也在建设中。只要政策上“开绿灯”，农村建设的热潮很快就会到来。如同当年工业化和城市化进程带动了40年高增长一样，未来的逆城市化进程很可能会带领我们进入一个新的高增长周期。

逆城市化也必然会进一步推动城市房价走低，协助楼市天价成功“软着陆”。这是正确的和积极的发展方向。方向正确，剩下的就是如何把握节奏，逐步推进了。

笔者在这里大篇幅阐述楼市问题，是因为楼市经济是当今社会的一种主要经济形态，它深刻影响着经济社会发展的健康度，也严重扭曲了人类的需求结构，制约了人类幸福水平的提升。人类文明史告诉我们的常识是，但凡与人类终极目标相悖的，一定会引发社会的变革或者变局。

第8章　新经济政策与美国社会

新经济是在西方经济深陷滞胀危机的背景下，由美国时任总统克林顿提出的一种经济模式。克林顿提出新经济的背景是自由放任的市场经济和极端管制的计划经济都被实践证明是失败的，所以他想要引导美国走所谓“第三条道路”。

新经济或者第三条道路，是超越意识形态和制度模式的一种经济社会发展新思路。从实践情况看，这意味着经济和社会结构的重大变化，也意味着政治和社会生态的重大变化。

■ 何为新经济政策

克林顿执政期间，提出“综合经济发展计划”，这是在自由主义的美国少有的、政府对经济社会发展进行长期规划的执政举措，经济史上称为“克林顿经济学”。

克林顿经济学的核心，就是新凯恩斯主义的新经济政策。

新经济政策的核心有三点：一是大力发展高科技，以之作为经济增长的动力和引擎。美国政府向高科技企业提供财政支持和税收优惠，鼓励传统产业转型升级。这样的举措，大幅提高了美国社会的劳动生产率，带动了整体经济的增长和发展，促使美国出现了一大批高科技企业，成为世界科技领域的“执牛耳者”。从某种意义上讲，那些在全世界如雷贯耳的世界顶级高科技品牌，如微软、雅虎、苹果、谷歌、甲骨文等，莫不受益于克林顿的新经济政策。

二是推动财税和金融改革。通过财政紧缩政策促使利率下降，从而降低生产经营成本。一方面紧缩政府的非生产性公共支出，另一方面加大对交通和通信等基础设施建设的投入。通过开源节流，整体上实现财政收入扭亏为盈，从而树立人们对政府债券的信心。人们对政府债券信心的提升反过来促使债券畅销而使其利率下降，从而带动整体金融利率的下降，最终降低企业生产和经营成本，形成良性循环。

三是加大教育投入和推动服务业创新。为了给因企业转型升级导致失业的传统产业工人创造新的就业机会，克林顿政府加大对教育培训的投入，向高科技和服务业分流传统产业的失业人员，使之再就业。

克林顿的新经济政策取得了巨大的成效，使美国经济至少保持了长达10年的高速增长。1993—2000年美国GDP年均增长率达到 3.5% ~ 4%，远高于同时期世界经济 2.5% 的年平均增长率。1996—2000 年，美国 GDP 年增长率依次为 2.8%、3.9%、3.9%、4%、4.1%，1999 年第四季度和 2000 年第一、第二季度，甚至一度分别高达 8.3%、5.2% 和 6.1%。[①]

与此同时，通胀率和失业率快速下降。通胀率从 1980—1991 年的年均 4.2% 下降到年均 2%，失业率从 1992 年的 7.4% 下降到 2000 年的 4.1%。

财政状况也大为好转，财政从 1993 年的赤字 3167 亿美元变为 2000 年的盈余 2370 亿美元。

很可惜，克林顿只能干两届。共和党总统小布什上任后，放弃了克林顿的新经济路线，其最大的政策变化就是从紧缩财政政策转向宽松货币政策。其后果是小布什任期最后一年出现“两房危机”或“次贷危机”，以及由此引发的大面积金融危机。

小布什之后，奥巴马又重启克林顿的新经济路线，大力发展高科技，继续推动产业转型升级，同时注重绿色产业和服务业的发展。奥巴马时代，不仅扭转了小布什制造的金融危机所带来的经济衰退和劳动力大量失业的局面，还实现了美国经济长达 10 年的高速增长。

到了特朗普上台，新经济路线再次被终结。

无论是小布什还是特朗普，都喜欢发展传统的房地产业和

① 参见美国联邦储备委员会和世界银行的官方数据。对于这种官网可查询的数据，本书在后面不再标注出处。

金融产业，喜欢楼市与金融相配合的炒楼游戏，还喜欢给富人减税。小布什玩出了“两房危机”或“次贷危机”，特朗普玩的则是关税和贸易摩擦。其后果如何还有待观察，但已经表现出来的共同特征包括财政赤字的飞速增长和经济的衰退。

美国这个国家，最大的问题不是没有正确的经济路线和聪明的决策者，而是党争以及利益集团对经济的绑架，一直左右着经济政策。

从美国经济史的情况来看，民主党执政多数会引领经济走向繁荣，共和党执政则多数走向衰退。经济政策在两党交替执政的过程中左右摇摆，最终导致经济表现出强烈的周期性特点：增长—衰退，再增长—再衰退。经济的周期性波动更多受政治影响而非市场自身因素决定。尽管如此，克林顿和奥巴马的新经济路线，表现出前所未有的活力，只要能够坚持，一定会深刻改变美国社会。

■ 新经济政策导致的新问题

新经济政策的提出和实施，重振了美国经济，开创了克林顿时代长达10年的经济繁荣，也开创了奥巴马时代的又一个10年繁荣。但是，它在取得重大经济成就的同时，也导致了许多新的问题，诸如传统产业的衰落和失业问题，社会贫富差距扩大以及阶层分化和社会撕裂，等等。

高科技的飞速发展，为美国经济繁荣立下了汗马功劳，一大批超级大公司应运而生，既创造了可观的GDP，也创造了巨大的利润和税收。高科技企业吸纳大批高科技人才就业，所以，无论是克林顿时期还是奥巴马时期，整体的失业率都是大幅下降的。

但与此同时，高科技的发展给传统产业也带来了巨大的冲击，比如电动汽车的横空出世，对传统的内燃机汽车造成冲击。这种冲击迫使传统产业不得不转型升级，或是关门歇业。无论是转型升级还是关门歇业，势必造成部分产业工人失业。美国纪录片《美国工厂》就深刻地反映了美国通用公司关闭工厂，中国福耀玻璃集团收购通用旧厂进行产业转型的真实历史。

解决失业问题，需要两手抓：一方面，加大教育培训力度，使部分失业工人能通过再教育重新就业；另一方面，加大社会保障力度，提升失业救济的水平。但是，部分一直从事某个产业特定岗位工作的工人很难一时转行做新的工作，也很难实现再学习与再就业。这导致部分产业工人的失业呈现“刚性”特征。

克林顿和奥巴马时期，对解决这部分“刚性”失业问题是有所准备的，那就是启动社会保障体系的改革。尤其是奥巴马时期，大力推动医保法案改革，试图推行全民医保制度。

但是，奥巴马的社保和医保改革受到共和党的极力阻挠。经过多年努力，终于要启动立法了，其任期却到了。特朗普还没上台，就在竞选中扬言要废止奥巴马的社保和医保改革计划。

美国的社保和医保水平在西方社会是很低的，其做法有点类似中国2012年以前的状况，即有工作才有社保和医保。经过克林顿和奥巴马的改革，到2019年，美国社保和医保覆盖率仍然只有80%左右。而中国已实现城乡医保基本全覆盖，也在推动职工社保和居民社保全覆盖。可见，中国在解决社保和医保问题方面既有制度优势，也比美国更重视。

美国高科技增长带来了就业率的上升，这是事实，但依然存在部分“刚性”失业也是事实。与此同时，随着高科技企业的快速发展，美国也出现了高科技人才严重不足的情况。奥巴马政府为加大科技人才引进力度，采取了进一步开放移民政策的配套措施，以便为科技创新型经济持续注入活力。这本无可厚非。但是，当部分传统产业工人失业成为不可否认的既定事实，大量移民涌入美国也成为不可否认的既定事实，这两个事实摆在一起，问题就来了。

尤其是，当一些政治野心家为了总统竞选需要而“找碴儿”的时候，这个问题就可以被无限放大，变成严重的政策失误，甚至被炒作成某种“卖国行为”。

特朗普竞选总统时就是这么干的。

美国社会何以撕裂

克林顿和奥巴马打造的高科技产业，其辉煌自不待言，但同时出现了不可预测的漏洞或不可预料的后果——除了部分“刚性”失业，还有贫富差距扩大和阶层分化问题。

美国新一代高科技企业家，很快成为巨富和新贵。当然，借助科技创新而推出金融创新的金融企业家，原本就有钱的富人，如今借助高科技而推出金融之创新，更是富可敌国。

根据2018年美国产业结构数据，农业只占GDP的0.8%，建筑业只占GDP的4.1%，制造业只占GDP的14.5%，科技、金融和服务业占GDP的比重高达80.6%。美国上市企业市值排名中，前五大企业都是高科技企业，市值超过3.7万亿美元，占美国2018年GDP的18%以上。前十大企业中，除强生公司为医药企业外，其余都是科技和金融企业，市值超过5.5万亿美元，占美国2018年GDP的30%左右。

高科技，以及高科技与金融业的融合，创造了巨大的财富效应。财富迅速向极少数科技和金融寡头聚集，造就了一批跨国企业集团和事实上并不属于某个国家的“世界人”。这些金融和科技企业巨头，除了在美国有企业和豪宅，在世界其他国家和地区也有企业和豪宅，但他们一天到晚在天上飞，足迹遍布世界各地，成了名副其实的“世界人”。

一边是传统产业的消亡和产业工人的失业，一边是新兴产业的兴旺和巨大财富的聚集，其结果不只是贫富差距的扩大，也造成社会阶层的加速分化，人们开始对华尔街和硅谷表达不满。尤其在“次贷危机”爆发之后，人们终于走上街头，发起了“占领华尔街运动”（2011年底）。

“占领华尔街运动”进一步坚定了奥巴马推动社保和医保改革的决心。

常识性的逻辑关系应该是：高科技创新带动经济增长，这是好事。先把“蛋糕”做大，再谈如何分配，这得有个连环操作的程序。高科技创新导致失业和贫富差距扩大，通过改革福利政策来转移支付，缩小差距，同时通过社保和医保改革来确保普通人的生活水平。这难道不是很正常的政策配套举措么？

税收方面，奥巴马将企业税收从共和党时期的 18% 直接提高至 35%，而且通过递进税制，加大对巨富们的征税力度。有钱人多承担税收，多承担社会责任，这是税收调节收入分配的基本原理。

客观地讲，无论是克林顿还是奥巴马，民主党的这两位前总统懂经济，也敢于改革。可惜的是，他们的任期最多 8 年。

美国社会因新经济政策而产生的撕裂，也完全能够以新经济政策来解决。只是美国的所谓民主制度并没有给新经济政策更多的发展空间。

■ 当撕裂变成撕脸

如果说民主党的新经济政策造成了社会的贫富差距扩大和阶层分化等问题，甚至出现了社会撕裂的趋势与苗头，那么，其继任者应该怎么做？

按常理，对国家、社会和人民负责任的继任者，应该是继续沿着正确的方向去努力分析问题，然后解决问题。然而，两党竞争格局下，为了赢得选举，竞争对手必须将对方全盘否定，充分利用社会的撕裂展开撕脸大战。

为此，特朗普将一切社会问题归罪于奥巴马和民主党的新经济政策，然后引导美国社会走向新经济政策的对立面。

看看特朗普的竞选策略，可以形象地描述出他归因和归罪的一套逻辑。

特朗普先问美国大众：你们的工厂为什么倒闭？

接着问：是因为华尔街和硅谷打垮了你们的工厂，对吗？

继续问：你们为什么会失业？

然后自答自问：因为华尔街和硅谷不要你们，他们都跑去国外办厂，使用国外工人。他们的本地工厂也大量使用科技移民。他们还把在国外生产的产品大量卖给美国，赚我们的钱，剥削我们。对不对？

继续问：现在明白是谁抢了我们的饭碗没有？是华尔街，硅谷，东南亚国家，欧盟，还有科技移民，对不对？

继续问：我们应该怎么办？

继续问：回归传统产业，抵制贸易逆差，抵制科技移民，把失去的饭碗夺回来好不好啊？

通过一连串的假设和自问自答，特朗普成功煽动了美国民众，他竞选成功了。

当特朗普当选了总统，首先得兑现其竞选时的若干承诺。于是一幕幕令人啼笑皆非和瞠目结舌的政治大戏开始上演。

先是不断地“退群”。特朗普上任第三天就宣布退出奥巴马精心打造的《跨太平洋伙伴关系协定》（Trans-Pacific Partnership Agreement，TPP），接着相继退出了《巴黎协定》、联合国教科文组织、《全球移民协议》、“伊朗核协议”、联合国人权理事会、《维也纳外交关系公约》、《中导条约》等，他甚至还威胁称要退出世贸组织（WTO）和联合国。“退群”的本质，就是不想遵守各种国际规则，要开始单边行动，尽管这些国际条约或组织几乎都是昔日美国自己牵头签订或者成立的。

破坏既有的国际规则与秩序，目的就是要建立新的秩序。新的秩序不再基于多边、多元、自由、公平和全球化等昔日美国主导的价值诉求，而是基于“美国优先”和“美国再次伟大”的需要，要搞单边主义路线。既然是“美国优先”，自然就不存在平等或公平的前提，美国还是老大，政治军事霸权还在，不听从美国单边的要求就被其高举拳头喊打。

面对如此强权和霸道的美国，世界各国当然不会听之任之，于是美国针对各国的贸易摩擦就开始了，既针对中国，也针对欧盟和几乎所有美国昔日的盟友与敌人。

特朗普在对外全面出击的同时，对内也开始“强修边境墙”，叫嚣民主党 4 名少数族裔女议员“滚回老家去”，挑起民族对立情绪，导致美国出现多起针对少数族裔的挑衅甚或攻击事件。

经济上，我们看不到特朗普有任何明确清晰的政策路线。除了贸易摩擦，除了强逼各国与其签订“美国优先”原则下的不平等条约，除了把经济下滑责任推给美联储，他没有表现出任何政治智慧或经济才干，更不用说作为一国之总统的人文修养和道德风范。

无论是竞选期间还是上台之后，特朗普对民主党都不遗余力地撕脸，对全球也开始撕脸，其目的是实现他所代表的利益集团的利益诉求。

■ 撕裂的后果

新经济政策是加剧美国社会分化与撕裂的重要原因，但不是主要原因。美国社会撕裂的根源是价值观和利益的冲突，是左、右两派长期对立与分裂（即党争）的结果。

左、右两大阵营的党争，主要表现为价值观冲突和利益冲突。保守的右派代表了传统的宗教文化、传统产业以及依附于此的传统利益集团和利益群体，包括传统的富人阶层、传统产业工人和农民，其主流就是所谓的 WASP（白人盎格鲁 - 撒克逊新教徒），政治代表是共和党。开明和激进的左派代表了现代价值诉求、新兴产业以及依附于此的知识精英阶层和新兴产业工人，其主流是硅谷和华尔街的精英、白领和灰领阶层，政治代表是民主党。尽管左、右两派不能一概而论，但大致如此。

右派更多强调上帝和圣经文化；左派更多强调自由、平等、民主等现代价值。这种文化上的冲突表现为右派反对同性恋和堕胎；左派则支持同性恋婚姻的合法权益，支持堕胎。右派更强调白人至上，或多或少有种族主义倾向，反对移民；左派则更多表现为强调种族平等，反对种族歧视，支持更宽松的移民政策。

经济政策上，右派倾向于发展传统产业，强调美国利益至上，外交和对外贸易政策相对保守和封闭，倾向贸易保护和单边主义路线；左派则更倾向于发展新兴产业，强调高科技、金融和服务业创新，对外贸易政策相对开放、包容，走多元、多边的外交和国际贸易路线。右派反对福利主义，主张减税；左派则强调福利主义，主张加税，要求富人承担更多的社会责任。

政治上，右派主张白人权益，对少数族裔的权益不太关心；左派则强调民族平权，对少数族裔的权益保障极其重视。

这些情况并非新经济政策导致，而是美国一直以来存在的分歧与冲突。只不过在经济形势好的时候，矛盾和冲突并没有表现出来。一旦经济形势发生变化，出现部分人日子不好过的情况，矛盾和冲突通常就会变得严重起来。政治人物为了竞选成功，通常会充分利用这种矛盾与裂痕，制造吸引眼球的各种噱头，加深或扩大这种裂痕，以便在竞选中能找到对方的软肋，获得竞争优势。

新经济政策之所以加剧了这种裂痕，是因为其引起了产业结构和经济结构的巨大变化，最终表现为社会结构的变化。新兴产业和新兴富裕阶层的涌现与传统产业及其利益相关方形成鲜明的对比，二者此消彼长，利益格局变了，矛盾与裂痕就会进一步扩大。多年前特朗普曾经是民主党人，在经济和社会格局发生了巨变的情况下，作为传统产业的利益相关者，他毅然转向了共和党，并代表共和党的利益和价值诉求参加竞选。

但是，随着美国社会的撕裂加剧，两大阵营都开始走向极端，喜欢特朗普者像崇拜上帝一样崇拜他，讨厌特朗普者则对其恨之入骨。历史证明，当一个社会严重撕裂的时候，通常会出现革命性的大变局。

特朗普的所作所为破坏了国际秩序和美国国内的安定，这是有目共睹的。

美国经济的实践所带来的经济和社会结构的变化，以及由此引发的各种社会问题和变局，是当今社会科技创新和经济政策调整改变社会格局的典型案例。通过这个案例，我们可以加深对人类行为逻辑的理解，更深入地了解人类目标以及工具和路径选择与文明结果之间的关系。

第9章　西方民主的困境与道路的抉择

经济和科技的飞速发展，必然改变人类的需求结构、经济结构与社会结构，最终表现为经济关系和经济基础的变化。这意味着变革的必然到来。

民主作为当今社会最受推崇的政治文明形态，是否迎合了经济社会发展带来的变化，真能解决已经出现的各种问题与矛盾？

冷静观察当今社会，西方民主其实已经陷入了困境，不仅不是解决问题和矛盾的良方，反倒更多表现为激发矛盾，撕裂社会，加速既有社会结构的崩溃，促使社会变革的到来。

社会变革，历来都表现为道路的抉择与文明的重构。

■ 经济基础与上层建筑

经济基础决定上层建筑，这是马克思主义学说中最不被西方各理论学派否认的论断之一，一个不能被否认的关于人类社会发展规律的基本论断。

尽管西方更多地讲个人主义、自由主义、人本主义、功利主义和实用主义等，但这一切的背后，永远是人性，是人的欲望与需求。满足人类需求的科技和生产力发展与人类社会文明形态之间的适应关系等，都是围绕“如何最大程度地满足最大多数人的利益”展开，万变不离其宗。

由于生产力水平所限，人类的历史从来都是少数人富裕、多数人贫穷的历史。物质过剩时代到来，意味着更多的穷人开始变得富裕，即所谓中产阶层开始壮大。

少数人富裕的时代，需求结构最早发生变化的就是这些少数人。这些人是贵族或者社会精英，他们超出生理和物质需求部分的更高需求，是通过贵族社会的生活方式来满足的。比如他们是权力和财富的拥有者，享有足够的安全保障，有强大的归属感，享有充分的自由，既备受世人尊重，也能实现自我。

在物质过剩时代，中产阶层逐渐成为社会的大多数人，他们的需求结构同样会发生变化。他们也需要安全、归属、自由、尊重和自我实现，怎么办？

当一次又一次的工业革命带来物质过剩，西方社会的政治文明形态也必然开始变化。从古希腊、古罗马时代的贵族共和或君主共和，逐渐走向近代欧洲的民主共和，这是中产阶层壮大的必然结果，也是经济基础决定上层建筑的必然表现。

民主共和给西方社会带来了发展与繁荣，因为它迎合了大多数人追求幸福的需要。然而，随着过剩危机的加深，西方社会既有的秩序和体制似乎正在面临挑战。

■ 成也民主，败也民主

西方工业化的科技文明、自由市场的经济文明和民主共和的政治文明，从多个方面迎合了过剩时代大多数中产阶层追求生理和物质满足之上更高级需求满足的诉求，这显然是明智的，也是卓有成效的。工业革命后出现了一个又一个西方强国并最终走向现代民主社会就是明证。

但是，自二十世纪六七十年代开始，当西方社会开启全民普选式民主之后，整个西方却转向衰退或者停滞，社会也开始动荡和撕裂，这又是为什么呢?

西方社会的民主政治，萌芽于古希腊元老院制度。古希腊和古罗马还是奴隶社会，无论共和还是民主，都只是贵族阶层的事情。自古希腊、古罗马时代到第一次世界大战，在整个欧洲，贵族共和也好，君主共和也好，都是君主和贵族的事情。如果说有民主，也只是贵族阶层权力制衡的游戏，本质上仍属于精英政治，或者有一些精英共和与民主的味道。

君主与民主，是划时代的。君主是君王做主，民主是人民做主。但是，人类社会从君主制度走向民主制度，历经了贵族共和、君主共和以及民主共和三个阶段。历经“光荣革命”、法国大革命和巴黎公社运动之后，欧洲开启议会制民主，这的确是人类政治文明的一次重大进步。尤其第一次世界大战之后，开启了民主共和的新时代。君主立宪和议会制民主，基本上都将国家政治权力交给议会，由议会选拔国家权力的代理人。议会由民众选举产生。这种议会制和代理人制度，既保证了传统的精英政治力量的延续，同时也尊重了大多数人参与和表达的诉求。

客观地讲，二战以前的西方民主尽管是共和民主，但并非全民普选式民主，因为其存在财产限制（财富达到多少才有选举权）、种族限制、性别限制等。推行这种有限的民主，目标是确保精英阶层的话语权，同时逐步向中产阶层让渡更多的权利。本质上，这还是精英民主。议会制和代理人制度的确立，目标是既要听取和尊重大多数人的意见，同时也要保证被选举出的代理人是德才兼备的精英人士。

许多人把美国独立和立宪时的国家体制说成是民主政体，这是他们不了解美国历史所致。美国立国之初建立的是共和政体，不是民主政体。这一点，在立宪之前经过了长期的讨论并形成共识。

“一种纯粹的民主政体，不能制止派系斗争的危害。几乎在任何一种情况下，整体中的大多数人会感到有共同的情感或利益。联络和结合是政府形式本身的产物，没有任何东西可以阻止牺牲弱小党派或可憎的个人动机。因此，这种民主政体就成了动乱和争论的图景，同个人安全和财产权是不相容的，往往最终由于暴亡而夭折。赞成这种民主政体的理论政治家错误地认为，如果使人类在政治权利上完全平等，同时他们就能在财产、意见和情感上完全平等。”“共和政体与民主政体的两大区别在于：第一，共和政体的政府委托给由其余公民选举出来的少数公民；第二，共和政体能管辖的公民人数更多，国土范围更大。”“很清楚，共和政体在控制党争方面明显优于民主政体。”[①] 从联邦党人在立宪前的这些讨论看，这些立国的先贤们反对民主政体的意见表达得十分清楚，他们担忧过分的民主会导致党争和动乱。《联邦党人文集》充分讨论了民主政体与共和政体的区别，决意建立一个统一而强大的共和国，其运行模式是“小民主，大共和”的共和体制，目标是保障自由和平等，同时防止过分民主导致的党争和动乱。

共和本质上是精英政治，民主尤其是广泛的民主，其本质上是平民政治。美国在200多年的历史中，不断推进民主进程，到1965年开始全民普选，自此进入了一定意义上的民主政体新时代。当民主逐渐扩大，当初建立共和制联邦政府的先贤们所担忧的党争和分裂果然如他们所料，开始恶化。

在二战后的西方社会，美国不仅自己走向民主，还向全世界推行全民普选式民主。一个有趣的现象是，在其主导下实行全民

---

①［美］汉密尔顿、杰伊、麦迪逊:《联邦党人文集》，程逢如等译，商务印书馆1980年版，第56–58页。

普选的那些国家，自全民普选之后，几乎无不陷入长期的经济停滞、衰退甚或混乱不堪的状态。

美洲以阿根廷为例。阿根廷是一个以白人为主的国家，主要由西班牙裔、意大利裔和德国裔组成。自1816年独立之后，阿根廷凭借丰富的资源，成为一个富裕繁荣的国家。1983年，阿根廷结束军人政权，实行全民普选。此后阿根廷的经济社会发展一落千丈，甚至出现10日之内数易总统的滑稽闹剧，社会动荡，民生凋敝。时至今日，阿根廷仍面临政治动荡，经济衰退等问题的困扰。

非洲以南非为例。南非曾经实施臭名昭著的种族隔离政策，出现了反种族歧视、争取全民平权的英雄人物曼德拉先生。1932—1972年，白人政权统治下的南非创造了GDP每7.4年翻一番的经济奇迹。尤其是1961年脱离英联邦完全独立后的十多年时间，世界公认其经济增长水平可与同时代全球经济发展最好的日本相提并论。但是，当曼德拉先生的革命最终于1994年取得成功，南非实行全民普选后，就再难见到南非曾经的增长、繁荣和辉煌了。

日本是战后实行民主转型最成功的案例。史学界普遍认为日本战后经济的复苏和振兴，得益于艾森豪威尔主导建立的“和平宪法”和民主制度，即“非军事化和民主化”。但是，许多日本学者在研究战后经济振兴时并不认同这种观点，而是将振兴归功于“1940年体制”的力量。“1940年体制”即战时体制。“对日本战后复兴起重要作用的……不是市场的价格机制……而是战争时期形成的以支援战争为目的的经济体制，即1940年体制。”①

必须注意到，日本的君主立宪和议会内阁制与其他地区的普选式民主存在很大的差别。日本天皇还在，基于门阀政治的议会选举虽然尊重了全民的普选权，但由议会产生内阁显然比全民直接选举产生内阁多了一道屏障。它能够确保内阁的质量，确保内阁成员来自精英阶层。所以，日本实际上依然是精英民主。

为推行其普选式民主，美国甚至一再发动战争，从伊拉克到阿富汗，强行建立一个又一个民主政权。但是，这些民主政权取得了经济社会的良好发展吗？没有。

纵观人类民主发展的历史，一个基本的结论是，民主是个好东西，但民主的程度和分寸非常重要。共和政治的本质就是精英民主，不是草根民主。精英民主时代，权力的制衡对独裁专制起到了很好的抑制作用，在尊重公民参与权的同时，又能确保精英政治的作用不受草根政治的冲击。

民主的痼疾

美国社会撕裂，不仅是新经济政策及其实施后果造成的，也与其政治尤其是民主政治有不可分割的关系。今天的西方民主政治，既存在固有的问题，也出现了许多新变化和新动向，这些都

①[日]野口悠纪雄:《日本战后经济史》，民主与建设出版社2014年版，第67–68页。

成为西方社会撕裂和动荡的原因，抑或是未来各种问题的根源之一。

笔者曾经撰文，认为西方民主有三大痼疾，在这里还要将其扩展为四大痼疾。这四大痼疾发作，很可能葬送西方来之不易的现代文明。

首先，民主是一种数人头的票决游戏，体现的是自由和平等而非公平的价值诉求，缺乏完整的正义观。

我们知道，社会正义（包括政治正义）理应具备三个基本内涵，即自由、平等和公平，三者加在一起才是正义。如果民主政治只保证自由和平等，不保证公平，就不是完整意义上的政治正义和社会正义。

公平是什么？公平并不等同于平等，两者是存在差别的。公平强调有区别，人的责任、义务与权利必须相互关联，对立统一，经济上多劳多得，政治上责、权、利相配套，这才是公平。

西方实行票决制，最大的问题就是不公平。投票者只享有选举的权利，不承担选举的后果和责任。至于最终谁当选，当选之后又意味着什么，投票者不需要承担任何责任，也没有与责、权、利相配套的追责机制对他们进行约束。

这导致西方人对选举并不认真。一方面，许多人根本不参与投票，以致那些有政治倾向的人相对占了多数。这种弃权就是不负责任——对自己和利益相关的人和事都不负责任。另一方面，即使参与了投票，此后的事情全都交给了议员和行政长官。

没有对责、权的相关追责机制或立法约束，人头票就变成了“大锅饭”游戏，没有谁真正关心谁当选以及当选后意味着什么。

其次，西方民主是一种“博傻”游戏，产生的后果通常是糊涂人打败明白人。

古今中外，无论哪个国家，真正懂政治和社会治理的人永远是少数社会精英。

当少数服从多数的民主票决成为选拔人才代理大家治国理政的法定方式时，多数人的不明白就会轻易打败少数人的明白，这样选出来的代理人绝非治国理政所必需的精英人才。

如今有些人在讲解西方民主制度时，通常把民主与共和混为一谈。这导致了人们认识上的混乱，恐怕也是西方社会出现问题、陷入困境的思想根源之一。

读《法国大革命》和《联邦党人文集》，我们能够清楚地看到，民主与共和是两个完全不同的概念。简单点说，共和就是通过立宪来制定几权分立、相互制衡的体制；民主就是通过选举来寻找社会精英，然后授权精英治理国家。二者配合起来，才可能实现理想的追求全社会“最大多数人最大程度的利益”或“最大多数人最大程度的幸福”的社会正义。

英国“光荣革命”后出现的政治体制是君主立宪制，本质是议会民主和共和。法国大革命后建立的国家是法兰西共和国，其政治体制的内核也是议会民主和共和。美国独立战争后通过立宪建立的联邦政体，内核同样是议会民主和共和。这些国家立宪之初并不是实行今天的全民普选式民主，而是精英民主，将选举权与财富、社会地位、纳税等挂钩。英国早期的议会民主，有选举权的人数占总人口的比例不超过 2%；美国建国初期也大致如此，主要依据财富多少设限，还有性别和种族歧视。鉴于当时性别和种族与财富正相关，实际上就是财富的多少决定了是否拥有选举权。选举权与税收挂钩源于权利与责任必须相关的理念，投票意味着税赋和权益，这样投票者才会认真对待。

这种制度设计有更深层的道理。这个道理就是本书前文所论述的幸福原理与需求结构的关系。本书前文讲到成也民主，败也民主。为什么？因为全民普选式民主与人类实际的需求结构并不匹配。在中产阶层还不够壮大，贫困人口还占很大比例的情况下，民主就必然变成“博傻”，对经济社会的发展和治理造成伤害，导致经济衰退和社会动荡。

再次，信息不对称情况下的全民普选式民主不过就是“盲人摸象”的把戏。

当民主脱离了精英的掌控，变成全民直接选举代理人时，为什么极易出现“群盲”现象？

常识告诉我们，现实中每个人的社交圈子极其有限，一生中真正认识和了解的人并不多，存在工作关系或生活中有交集的可能总共就几个或几十个人。所谓“邓巴定律”也告诉我们，一个人的社交圈通常不超过 150 人，对人的了解自然也局限于 150 人的范围，这决定了部分人对总统候选人的投票是盲目的。

“把你那一张神圣的选票投给你最相信的人”，这是一个伪命题。因为你根本不可能真正了解你的投票对象。

在前文，笔者曾提到美国立宪的基础——《联邦党人文集》。读完这本书你会发现，美国立国之初的先贤们强调的是建立一个统一而强大的联邦政府，他们强调的并不是民主。他们的真实态度是要广泛听取和尊重人民的意见，但绝不能让人民直接说了算。所以，他们设计的联邦制度实际上是一种“小民主，大共和”的体制，同时也是一种间接民主而非全民直选的民主。

汉密尔顿等人的思路是：必须建立一个统一而强大的美国，有强大的联邦政府；必须把参与选举的公民人数控制在尽可能小的范围内（以州为单位），绝不能搞全民直接选举，以防止选拔庸才，更防止政治野心家通过“乌合之众”来裹挟民意，绑架社会。这就是美国“选举人团制度”的由来。

美国立国时的制度设计，是基于当时的人口基数。1780 年，美国不包括印第安人在内的人口总数接近 280 万人，除弗吉尼亚州人口超过 50 万、宾夕法尼亚州人口超过 30 万以外，其余各州人口都在 30 万以下，多数州人口在 10 万以下。最关键的问题是，这些人口中约有 59 万黑人无选举权，还有“无纳税无选举权”的限制，如妇女和 21 岁以下的青年及儿童无选举权，非新教的天主教徒等各种异教徒无选举权。有些州还规定只有拥有 50 亩土地以上的户主才有选举权。总之，当时的选举权受各种各样的限制，真正有权参选和有权投票的选民只占总人口的 2% ~ 8%。

当然，各州限制不同，比例也有差别。[①] 也就是说，1780 年，美国真正的选民总数为 6 万 ~ 22 万人，分散到当时的 19 个州，最大的弗吉尼亚州才有选民 1 万 ~ 4 万人，宾夕法尼亚州 0.6 万 ~ 2.4 万人，其他各州基本不足 1 万人。在这样的规模下，选民基本上还能对参选的候选人有较清楚的了解。但今天的美国有人口约 3.3 亿，有多少人能真正了解总统候选人？

在对候选人无深入了解的情况下，选民实际投票时的依据就是谁更会表演，谁更有煽动性，甚至是谁长得更帅（如克林顿当年就深受女性选民的追捧）。

所以我们看到，一个未在地方政府任职过的人，居然一跃而成为一国总统。这固然能体现人人平等，可这样的人做总统，怎能保证国家不被其玩得死去活来？

信息不对称是全民普选的硬伤之一，它导致人们在选举投票时出现“盲人摸象”的现象。民主本是为了把最有才德和最合适的人选出来代理执政，结果通常是适得其反。

最后，正如《联邦党人文集》里美国立国先贤们一再阐述的那样，民主政体最大的弊端是无休止的党争会给政治野心家创造裹挟民意的机会，他们可能借此制造社会动乱和分裂。

关于党争之恶，马克·吐温早在 1870 年发表的《竞选州长》中就已经揭露得淋漓尽致了。从 1835 年第 7 任总统安德鲁·杰

---

① 1780 年美国人口数据见 [美] 乔森纳·休斯等：《美国经济史》，上海人民出版社 2013 年版，第 53 页。

克逊被刺杀未遂开始，美国历史上先后有 9 位总统遇刺，比例高达 20%。其中，被刺身亡的有 4 位，包括 1865 年被刺身亡的第 16 任总统亚伯拉罕・林肯、1881 年被刺身亡的第 20 任总统艾伯拉姆・加菲尔德、1901 年被刺身亡的第 25 任总统威廉・麦金莱和 1963 年被刺身亡的第 35 任总统约翰・肯尼迪。为何会出现这种极端情况？

党争背后当然首先是利益之争，竞选失败就意味着利益诉求不能被满足，候选人及其所属党派输不起，就必然表现为竞选时的疯狂以及竞选后的不认输。

纵观美国历史，党争从来都是社会撕裂的催化剂，最严重的时候，曾导致过战争，如南北战争。

美国史学界一直以来都把南北战争描述为争取黑奴解放的伟大战争，但真实的历史并不是这样的。南北战争其实正是党争的恶果，高尚的道德大旗背后是赤裸裸的利益争夺。

南北战争所谓解放黑奴，其实是争夺劳动力。

南北战争时期，美国总人口约 3140 万。此时正值工业革命浪潮席卷欧洲之时，从殖民地独立出来还不久的美国，也展开了轰轰烈烈的工业革命。工业革命需要大量农民转移到城市并变成工业劳动力。当时美国的工业基本都在北方，南方是农业产区。

工业发展需要大量的农业人口向城市和工业区转移，而农业产区也同样需要大量的农民从事种植养殖劳动。代表工业的北方和代表农业的南方存在的矛盾实际上是对劳动力的争夺。南方有大批黑奴，若能被解放，自然就可以带来大批工业劳动力。这才是南北方围绕黑奴解放问题争论不休的根本原因。

从独立战争走出来的最早的5位总统，有4位是南方的弗吉尼亚人，而且都是大庄园主，都蓄黑奴，也都参与过掠夺印第安人土地的战争，他们并不真正主张废除奴隶制。到1787年美国立宪时，宪法仍然保护南方的蓄奴权利，这与早期的立国者们多数是南方人有关。

美国立宪成立联邦政府后，开始疯狂地开疆拓土。1812年发生的第二次独立战争，真正的起因是美国威胁了英殖民地加拿大领土。1817—1818年及1835—1842年，美国两次大规模地向印第安人开战，抢掠土地，几乎导致印第安人灭绝。1846—1848年的美墨战争也是为了掠夺土地。

美国为掠夺墨西哥土地，设计了一个连环计。先是收买和鼓动墨西哥的得克萨斯州人公投独立，在遭到墨西哥政府反对后，又鼓动得克萨斯州人公投加入美国，以便得到美国的保护。然后，美国堂而皇之地照会墨西哥政府，得克萨斯州既已公投加入美国，就是美国领土了，墨西哥若出兵镇压，就是入侵美国领土。由于墨西哥绝不承认得克萨斯州的公投，于是就有了美墨战争。

美墨战争后，美国从墨西哥掠夺的土地包括今天美国南方的7个州，如加利福尼亚州、得克萨斯州、新墨西哥州、内华达州、科罗拉多州和犹他州等，比今天墨西哥总国土面积还大。当然，美国人表现得很“绅士”，战后象征性给了墨西哥约200万美元，算是从墨西哥“购买”了这些土地。

因为通过战争掠夺来的7个州属于南方，其是否保留蓄奴制成了一个问题。按照当时的美国宪法，南方蓄奴受宪法保护。但是，急需劳工的北方希望南方或至少是新占领的墨西哥领土能够废除蓄奴制度，解放劳动力，为北方的工业化补充新鲜血液。不同的观点和利益诉求最终表现为党派之争。

民主党的代表是时任总统詹姆斯·布坎南（1857—1861年任总统）以及参加美墨战争的著名将领罗伯特·爱德华·李等人。他们代表了南方农业经济利益集团，主张坚决维护宪法权威，反对废除南方蓄奴制度。

共和党的代表是总统候选人亚伯拉罕·林肯。林肯是时任总统布坎南的竞争对手，在布坎南竞选连任时将其击败，于1861年接任总统，并在1865年连任。林肯是北方工业经济及其利益集团和废奴主张的代表。

随着工业规模的不断扩大，工业劳动力的紧缺问题越来越严重，北方企业主呼吁南方废除黑奴制的呼声越来越大。主张废奴的北方23个州无论在人口、产值还是经济社会发展方面，都占有绝对优势。林肯的竞选策略非常简单，只要迎合北方各州越来越强烈的废奴诉求，基本就是稳操胜券。所以林肯将废奴作为他的竞选纲领。

代表南方利益的民主党时任总统布坎南针锋相对，指责共和党人在没有修改既定宪法的前提下，公然将违宪的废奴作为竞选纲领，这无疑是公然挑战宪法权威。所以，布坎南竞选连任的纲领是："我们可以不维护蓄奴制，但我们必须维护宪法权威。"

最终，林肯赢了。他上台后马上宣布废奴。刚卸任的民主党总统布坎南指示罗伯特·爱德华·李将军向南方运送武器，然后南方各州宣布依据宪法赋予的两项权利——保护南方蓄奴权利和保护各州公投脱离联邦的权利，决定脱离联邦政府。

于是，南北战争开始了。

当时的南方人其实比北方人更骁勇善战，因为南方是美国立国先贤们的诞生地，其早期的大庄园主和绅士阶层，都经历过独立战争、美墨战争和印第安战争的历练，富有战争经验。北方多为后起的工业企业主和工人阶层，属于新兴产业阶级，没什么战争经验。可是南方只有棉花，没有工业，更没有武器。加之当时的法国协助北方政府封锁了南方的港口，致使南方也没法用农产品换武器用于战争。

虽然南方的统帅是美国西点军校的校长罗伯特·爱德华·李将军，其将领也多为西点军校毕业的职业军人，但战争最终还是以北方取胜告终。

回顾这段历史，不可否认的史实有如下几点。

其一，以林肯为代表的废奴派并非真的主张废奴。废奴是为了争夺劳动力，更是一种"政治正确"的口号，目的是争取选民。

其二，当时的美国宪法确实保护南方蓄奴，同时也允许各州公投决定是否脱离联邦。后一条直到今天仍然有效，这本质上是对联邦制度的保护。

站在宪法的角度，南方是在维护宪法尊严，而林肯则是在公然违宪。

其三，林肯以及北方之所以取胜，一是因为具有工业和武器优势，二是因为抢占了道德制高点。

但是，我们不能不承认，美国的南北战争本质上就是道德打败了法律，而且是打败了宪法，是道德正义打败了宪法正义。

我们不能不佩服美国先贤们立国之初对民主政体的慎之又慎，但他们依然避免不了内战的悲惨后果。林肯凭借民主的力量打败了对手，也打败了当时的美国宪法。

今天的美国社会，我们同样能够看到党争有多严重，它会让政府"关门歇业"。特朗普虽然成功当选了，但其对民主党的攻击从未停止过，其用语之恶毒令人咋舌。当然，民主党也丝毫没有客气。

除了利益之争，党争的背后还有价值冲突。价值冲突和利益之争永远存在，故"党争的原因不能排除，只能控制其结果"[①]，共和就是最好的控制手段。而民主不仅不能起控制作用，反而会以一方压倒另一方的方式进一步扩大冲突。是故，"纯粹的民主

① [美] 汉密尔顿、杰伊、麦迪逊：《联邦党人文集》，程逢如等译，商务印书馆 1980 年版，第 55 页。

政体”根本“不能制止党派斗争的危害”[①]。

信息革命与民粹主义

信息不对称容易导致“盲人摸象”现象，信息对称是否就能解决一切问题？

今天的互联网技术和社交媒体高度发达，很好地解决了信息不对称的问题。人们尽管不可能完全了解候选人真实的才与德，但至少可以通过社交媒体和自媒体发起更多的质疑与讨论；候选人也能通过自媒体直接面对大众，绕开主流媒体的绑架与包装。

但新的问题也随之而来。自媒体时代无疑放大了人们表达和参与的欲望，人人都是媒体源，人人都是讲话的平台。这为一些有野心的人摆脱机制和精英阶层的掌控提供了机会。

昔日的民主选举，需要通过主流媒体来宣传，精英阶层可以通过操控媒体来屏蔽和阻止野心家们裹挟“乌合之众”。而今天，无论是谁，只要有足够的表演能力和鼓动能力，就可能成为网红。竞选议员或州长、总统，现在都变成网红了。特朗普就是典型的例证。特朗普可以通过自媒体蛊惑和号令美国民众，赢得多数人的支持。而多数人，正是不明真相甚至不明事理的“乌合之众”。

① [美] 汉密尔顿、杰伊、麦迪逊：《联邦党人文集》，程逢如等译，商务印书馆 1980 年版，第 56 页。

美国传统社会精英阶层对政治的掌控开始失效。特朗普借助自媒体的力量，冲破精英阶层的封锁，成功夺取了政治权力。所以，美国的现实状况就是，特朗普是美国社会精英阶层的“敌人”，是华盛顿政治精英的“敌人”，是华尔街金融精英的“敌人”，也是硅谷科技精英的“敌人”，但他是传统产业阶层的朋友，是失业的产业工人和农民的朋友，更是无数反精英、反“政治正确”、反二战后业已形成的传统政治运作模式的民粹主义者的英雄。

社交媒体和自媒体伴随着民粹主义的狂潮席卷全球。这或许是因为人们一下子有了自由而且自有的表达平台与机会，大家都想冲破传统社会主流媒体对舆论的掌控，希望自己对政治的发言权不再只是投出那并没有多大意义的一票，而是通过自己的发声来直接表达诉求，影响他人和社会，甚至自主图谋大位。

在这种情形之下，不仅出现了大批网红，也出现了大批公知和网红政治领袖。笔者曾经开玩笑说，孔子若在世，恐怕是真到了“半部论语治天下”的时候了，因为孔子才是发表微信息的祖宗。尽管微信息是碎片化的，但恰恰是这种碎片化的信息更能吸引眼球，人们似乎不需要什么高深的理论和思想，那是学究们的事情。

可以说，特朗普是成功的网红政治领袖，事实上，他已经开创了“推特治国”的先河。特朗普知道社交媒体和自媒体时代的到来意味着什么，他知道人们开始厌恶传统的主流媒体，也知道人们开始反“政治正确”，还知道民粹主义浪潮正伴随着信息时代的滚滚洪流扑面而来。他毅然选择做民粹主义的急先锋，借助社交媒体和自媒体迅速蹿红。

所谓民粹主义，亦即平民主义或人民主义，其本质是平民政治，反精英或反贵族治理，强调平民化和大众化，要求万事都要听取平民的意见，一切决策都必须由全民公决。美国本是民粹主义的发源地，如今在此再度兴起。

这与美国社会历史的形成有不可分割的关系。大航海时代，前往英殖民地的移民几乎都是平民。哥伦布那样的开拓者不会真的移民到美洲，他们要的是对殖民地的统治而非将自己变成移民。事实上，像哥伦布这类早期开拓美洲的领袖人物，基本都没有移民美洲，而是利用从美洲掠夺的财富在欧洲享受贵族的生活。对英殖民地而言，移民的主流是英国在“圈地运动”中失地的农民，也包括手工艺人、小知识分子以及欧洲流民、小偷、海盗和囚犯等各种生活在社会底层的人。这些人在欧洲基本没什么活路，不如去新大陆闯一闯。尽管早期美洲殖民地的移民存活率不到30%[①]，但对改善生存现状的需要以及对自由和财富的追逐始终驱使着一批又一批的移民前赴后继地涌入新大陆。

---

① 在“自由省”的早期岁月中，欧洲移民的死亡率高达46%。1792—1793年的萨拉利昂公司时期，欧洲移民的死亡率高达72%。1805年5—10月，蒙戈·帕克远征，欧洲移民死亡率更是高达87%。参见 Acemoglu D.，S. Johnson & J，Robinson，The Colonial Origins of Comparative Development：An Empirical Investigation. *NBER Working Paper*，No. 7771。

欧洲移民开拓美洲新大陆的历史，非常悲壮甚或凄惨，但正如著名的“五月花号”故事一样，多数被美化为传奇。我们来了解一下真实的“五月花号”历史，或许能对早期英殖民地的移民状况有更真切的感受。

“五月花号”的故事发生在美国“始祖移民”身上，按后来传说的《五月花号公约》签名日期，这应该是1620年的事情。传说故事大致是这样的：102名来自荷兰、英格兰和爱尔兰等国的新教徒结伴前往美洲新大陆闯世界。102人中有41个家庭。其中，最多的是来自荷兰莱登组合教会的教徒，有30多人，占总人数的三分之一。其次才是英格兰清教徒，即遭受英国国教迫害的宗教分裂主义者。这部分清教徒实际上只有12人，他们先是移居荷兰，在对荷兰宗教环境仍不满意的情况下决定再次背井离乡，与同样有闯世界梦想的另外两拨人一同乘船前往美洲新大陆。在即将到达美洲新大陆时，这批新移民依据“对国王的忠诚和对上帝的信仰”，相互签署了《五月花号公约》。

实际上，这102名“五月花号”公民到达美洲后，经过第一个冬天，就死去了多半，剩下不到50人，至于最终有几人活了下来至今仍是个谜。“正如我们所看到的那样，在普利茅斯（“五月花号”到达地）很多移民在第一个冬天就一命呜呼了”。[1]

自1492年哥伦布发现新大陆之后，西班牙就开始在美洲开拓大片殖民地。近一个世纪后，英国政府为解决因“圈地运动”

①［美］乔森纳·休斯等：《美国经济史》，上海人民出版社2013年版，第53页。

导致的大量流民安置问题，于1606年开始开拓美洲殖民地。其方式是成立股份制公司，由公司组织前往美洲和经营事务，政府给予一定的补贴。当时英国政府成立了伦敦和普利茅斯两个移民公司，主要负责伦敦近郊流民的移民事宜。

政府的政策是但凡愿意前往美洲定居者，每人可获得至少100英亩美洲土地。在政策的激励下，大量无地无房的流民开始涌向美洲，英国很快在美洲建立了13个殖民地，成为后来美国独立时的13个州。

到1620年，英国已经在美洲建立了弗吉尼亚殖民地。“五月花号”的目标起初也是弗吉尼亚，只是在经过了三个月的海上漂流之后，最终到达的地方并非弗吉尼亚，而是普利茅斯。从地名看，这恐怕与当时负责伦敦近郊流民移民工作的“普利茅斯移民公司”有关。普利茅斯是伦敦近郊的乡村名称，“普利茅斯移民公司”也正是为解决这一地区聚集的大量流民而成立。

尽管传说的“五月花号”故事与“普利茅斯移民公司”并无关系，但移民们到达的地方被命名为普利茅斯，恐怕绝非偶然。更何况新的普利茅斯并非独立的行政单位，而是被纳入英国政府统一管辖，直到美国独立。这至少能说明以荷兰人为主的“五月花号”移民并非传说中的“始祖移民”，也非传说的那样依据《五月花号公约》开创了什么新的政治理念和政治制度。

尽管传说中的《五月花号公约》发生在1620年11月11日，但英国和美国早期的历史文献都没有对这一公约的记载。直到

200多年后的1835年，托克维尔的《论美国的民主》引用1826年出版的《新英格兰回忆录》中关于“五月花号”的故事，此事才为世人所知。托克维尔引用的《新英格兰回忆录》中讲述的故事并非《五月花号公约》的故事，而是讲“五月花号”新移民上岸之后，签署了一个“公约”。1844年英国牛津主教撒母耳·威伯福斯在《圣公会在美洲》中引用《五月花号航海日志》，这才第一次出现了《五月花号公约》之说。200多年后横空出世的《五月花号航海日志》的真实性受到质疑。

关于《五月花号公约》的诸多疑问可梳理如下。

一是公约的原稿在独立战争时期被毁。可是，这东西既然真实存在，而且如此重要，为什么此前从未被任何历史文献提及？连英国政府也未提及？

二是最早的《五月花号公约》于1622年首次刊登于新英格兰普利茅斯的《英国种植园学报》上。可是，这言之凿凿的文献却查无实据，根本就没有这样的期刊留存下来。

三是大约在1630年，在普利茅斯种植园发现了威廉·布拉德福德手写的一个《五月花号公约》副本。但是，威廉·布拉德福德的《普利茅斯开拓史》同《五月花号航海日志》一样，都是横空出世的东西，备受史学界质疑。

众所周知，英国政府想通过东印度公司垄断茶叶和鸦片的经营，到美洲殖民地转口贸易，赚取差价并征收税赋。美洲殖民地的大佬们（立国先贤们）嫌其价格太高，反对征税。

英国政府做了让步——在殖民地可以不征税，改为在本国向东印度公司征收出口税。美洲殖民地的大佬们又不同意，说我们在议会没有席位，就不应纳税。这就是今天一些人津津乐道的“无选票不纳税”的来源。英国政府再次让步，让他们参加议会。于是，后来成为独立战争英雄和美国开国先贤的那些人，基本都是英治时期的各州议员。

即使如此，美洲殖民地的大佬们仍不满意——让英国转口贸易肯定没有与中国直接贸易更暴利，所以走私依然猖獗。英国政府发现走私无法遏制，就干脆取消了转口贸易税赋，直接让东印度公司将茶叶运到美洲销售。

这等于彻底切断了走私贸易的命脉，于是爆发了“波士顿倾茶事件”，即美洲殖民地走私贸易的大佬们鼓动暴民直接打砸了英国商船，将茶叶倒入大海。英政府出兵镇压暴乱，这就有了美国独立战争。

美国独立战争的背景毕竟是很不绅士也很不光彩的，所以需要为其寻找法理依据。为一件事情寻找法理依据，一般都得从“我是谁”“我干了什么”“我为什么要这么干”“今后我们怎么办”等方面去入手。思来想去，当然得从“我是谁”开始做文章——我们才是美洲殖民地的“始祖移民”，我们当年就是英国国教的受害者和反叛者，我们当年就曾经立誓要建立一个脱离英国、不同于英国、自由自主的独立政权，是英国一直以来在压迫我们。这样的依据是不是更有说服力？

于是，在美洲开疆拓土的“五月花号”故事以及《五月花号公约》诞生了，并最终成为美国独立建制的最佳背书。《五月花号公约》有多个版本，故事情节也有多种描述。但是，历史再无真相，也一定会有逻辑。万事皆有因果，不可能横空出世，这就是历史的逻辑。

了解了《五月花号公约》及独立战争的历史真相，我们大致就能知道美洲新大陆当年的移民到底是怎样一种状况——移民多数是英国社会的叛逆者，是渴望平民政治与平民文化的新一代“五月花号”公民，这是符合历史实情的。至少有两点体现了美国作为一个独立国家自诞生之始就有了某种平民色彩：一是那些来自欧洲的早期移民基本都是平民，遗传给他们的后代的是某种“平民基因”；二是独立战争的本质就是平民的“造反”革命，这再次强化了这种“平民基因”，并通过《五月花号公约》的故事将这种基因定格为“美国精神”。

也正因如此，美国立国之初经历了长时间的立宪大讨论，最终以平民宪法为立国根基。尽管立宪者对国体的定位是共和政体而非民主政体，对纯粹的民主（民粹）严加防范，但终归还是选择了“选举人团制度”，以满足人们充分参与和表达的需要。

在建国100多年后的1880年，美国出现了第一次民粹化思潮。又过了100年后的1980年，民粹化思潮再度复兴。时至今日，民粹化浪潮再次席卷美欧大陆。每一次民粹思潮的兴起，都会推动欧美社会向平民政治前进，从早期只有2%～8%的公民有选举权到全民普选，到反精英和反“政治正确”的浪潮再次冲击着传统的精英民主政治。如今，从民粹主义的表现看，它已俨然成为美国甚至整个西方社会民主的代名词。不知到美国建国的第三个100年时，美国民主是否会彻底民粹主义化？

信息革命的到来、社交媒体的出现，使欧美民粹主义如虎添翼。但我们要知道，平民或者人民，从来都不是同一个整体，他们是有价值和利益诉求差别的。再怎么实行平民政治，终归还是表现为党争和分裂。民主痼疾不可避免，民粹再“火上浇油”，党争和社会撕裂就会不断加剧，这必将导致西方社会越来越动荡不安。

■ 反“政治正确”的本质

近年来，伴随着欧洲难民潮愈演愈烈，出现了所谓的反“政治正确”思潮，从欧洲开始，席卷美国，席卷全球。

欧洲本是现代政治文明的典范，自然也是共同价值的典范。中东的战乱导致大量难民涌入欧洲，欧洲各国政府大度地接纳了这些难民，这本是值得称道的善举。然而，大量难民的涌入也给欧洲社会带来了很多问题，冲击了欧洲人平静而安宁的生活，还制造了一些社会安全问题。欧洲人开始心中不快，一些极右势力趁机鼓吹种族主义和民粹主义，发表反种族和反文化的言论，借助社交媒体的传播力，很快形成了一种思潮。

“政治正确”是西方社会在二战后构建世界新秩序和推行共同价值过程中逐渐形成的一种政治文明形态，其本质是尊重人权，包括性别和种族的平权思想，宗教信仰、性取向、持不同政见以及对待弱势群体诸方面的平权思想。具体表现为要求政府机关、政治人物、主流媒体和公众人物注意自己的言行，切忌出现违反上述平权思想的不当言论，更不允许有违反平权思想的行为。

当极右势力将种族主义包装成反“政治正确”时，其实质就是反人权、反平权、反共同价值。

滑稽的是，中东战乱本因美国干预中东事务而起。当中东的难民潮冲击欧洲，导致反“政治正确”思潮出现时，美国不仅不接受难民，还出现总统候选人特朗普率先响应这一思潮的奇特景象。特朗普在竞选时提出了一系列响应反“政治正确”的口号，包括修建美墨边境墙阻挡移民，嘲弄有色人种，等等；上台后更是口无遮拦，多次嘲弄少数族裔议员，歧视移民，甚至抓捕移民，实行“骨肉分离”政策。

反“政治正确”在特朗普的推波助澜下，开始从种族歧视和文化歧视的反人权和反平权向反自由和反平等方向发展。特朗普上台后，不断退出各种国际组织，大肆破坏历经多年构建起来的全球共同价值体系。在经济领域，反对基于共同价值构建的全球自由贸易体系，转向单边主义和贸易保护主义。在政治领域，开始推行单边主义的外交路线，利益第一，美国优先，把国际秩序、责任和公平贸易的道义抛得一干二净。

这些行为正在将反人权、反平权的思潮推向新的高潮。其后果不言而喻，不仅会进一步加速美国社会的撕裂，也会加速人类社会的撕裂。

民主本是尊重人权和平权的产物，但是，在今天的美国和西方社会，极右势力裹挟民粹主义正在通过民主来夺取政治权力，推行与民主共和的共同价值背道而驰的反动思潮。祸兮？福兮？

民粹主义与反“政治正确”本是两种不同的价值取向，前者追求平民权利，自然追求平权思想，后者却是种族主义，与平等和平权背道而驰。但这两种价值诉求背道而驰的思潮事实上已经融为一体，既要追求平民政治，反精英，还要反“政治正确”，抵制种族平等、文化平等、人权平等的共同价值，最终表现为一种内在逻辑不能自洽的价值怪胎。

历史上的民粹主义尽管以追求平民权利为宗旨，却也曾提出过“谁不支持谁就是反对，谁反对谁就是敌人，谁是敌人就应该被消灭”的极端思想，也同样是内在逻辑不能自洽的价值怪胎。

这种内在逻辑不能自洽的价值怪胎说明，民粹主义高举平民政治和民权思想的大旗背后，其实是政治的野心。反“政治正确”就是反权威、反精英，因为只有反权威与反精英，平民才可能革命与夺权。从这个角度看，民粹主义和反“政治正确”的思潮背后暗流涌动，它引起的恐怕不只是社会的动荡不安，更可能是翻天覆地的大变局。

"第三条道路"

科技和生产力的变化会导致人类需求结构的变化，这种变化会通过生产、交换和分配的机制与形式表现出来。

人类对衣食住行更便利和更高效的追求，要求科技创新能力不断提升。人类科技创新的前提固然是"自由之思想和独立之精神"，但人类已有的实践证明，高精尖的科技创新，多数依赖强大的国家组织力量和强大的社会动员能力才能完成。

无论是原子弹还是航空航天，没有哪个不是国家工程。互联网技术本是美国的军事技术，后来才转向民用。今天的智能手机OS 系统，研发投入动辄几千甚至上万人，比如华为 5G 技术的研发人员就高达 5000 人。在这种需要超大规模投入和组织动员能力的情况下，只靠早期工业革命时期的"自由之思想和独立之精神"恐怕是远远不够的。这意味着社会生产、交换和分配方式面临变革。

私有制和市场经济是人类最传统的经济模式，公有制和计划经济是人类试验过的第二种经济模式，二者都是为了提高经济运行效率，都是为了更好地满足人类不断增长的需要。两种模式实践的结果告诉我们，没有绝对和唯一正确的经济发展模式。极端的自由市场并不具备绝对的供需均衡能力，人类自由市场的历史更多表现为供需失衡和周期性波动，而且动辄出现严重的经济危机和灾难。极端的计划经济固然有高度的组织和动员能力，但不接受市场检验的生产导致的后果通常是供给与需求脱节，最终偏离了经济社会发展的根本目标。

西方经济学在经历了古典、新古典和社会主义实践之后，最终走向了凯恩斯主义尤其是新凯恩斯主义以及基于凯恩斯主义的“第三条道路”。

“第三条道路”本质上是政治经济学的一个概念，是新凯恩斯主义经济学理论与西方政治学领域的“第三条道路”思想相结合的产物。20 世纪 90 年代起，欧美国家政治学领域兴起了超越老派社会民主主义和新自由主义的所谓“第三条道路”政治学，这种政治思潮受到经济学领域的“中间道路”“混合经济”以及新凯恩斯主义强调政府与市场平衡互动之思想的启发。克林顿的新经济政策在经济上采用新凯恩斯主义思想，同时声称自己的经济政策既非自由放任的自由主义亦非凯恩斯干预主义，而是“第三条道路”，这是第一次用政治学领域的“第三条道路”来描述经济路线，使之成为政治经济学的一个新范畴。英国布莱尔政府和德国施罗德政府也都相继采信过“第三条道路”的政治经济理念。“第三条道路”遂成为欧洲发达国家的官方政治经济学主流之一。

“第三条道路”采信的经济理论、经济政策根植于新凯恩斯主义经济学范式，强调市场有序竞争，强调政府在尊重市场的前提下干预经济。

在西方经济经历了长期“滞胀”的考验之后，凯恩斯主义和新自由主义相继“败下阵来”，代之而起的新凯恩斯主义如日中天。除了新凯恩斯主义的代表人物费尔普斯、阿克洛夫、斯蒂格利茨和斯彭斯等人相继荣获诺贝尔经济学奖之外，自 20 世纪 90 年代以来，新凯恩斯主义代表人物出任美国白宫总统经济顾问委员会主席的先后有斯蒂格利茨（1995—1997 年）、耶伦（1997—1999 年）、曼昆（2003—2005 年）、伯南克（2005—2006 年）等。2006—2018 年，美联储主席一职也一直由新凯恩斯主义代表人物伯南克和耶伦担任，这些都足以说明新凯恩斯主义已经登峰造极，“第三条道路”得到了广泛的认同。

抛开新凯恩斯主义和克林顿新经济政策不讲，对“第三条道路”，人类其实早已经在政治和经济诸领域展开思考与探索。当年的新加坡模式，以及各大洲部分国家和地区在实行全民普选前的经济社会实践，基本都属于“第三条道路”的经济社会实践，只不过不曾使用这个名词罢了。既然市场和计划都是生产、交换和分配的组织方式，各有其长，也各有其短，极端的计划模式与极端的自由放任都被人类经济史证明是失败的，那么“第三条道路”被推上历史舞台就是顺理成章的事情了。

从政治角度看，“第三条道路”的成功并非来自民主，而是更多来自共和政体的力量。民间通常将“第三条道路”称为威权主义路线。共和政体是大前提，然后通过精英民主确保精英阶层在经济社会发展中的主导和决策作用。让聪明人讲话，既防止过分的党争，也防止“乌合之众”绑架国家和社会。

今天的人类，发展是不平衡的，既有国家和地区的差别，也有国家内部地区之间的差别。人类并没有到实行全民普选式民主的时候。在此情况下，“第三条道路”是否代表继自由市场和计划模式之后真正能与过剩时代人类需求变化相适应的，或者说新的经济基础和新的上层建筑相配套的政治经济与社会发展新模式？

“第三条道路”既是经济路线，也是政治路线，它其实已经超越了自由主义尤其是新自由主义经济学的纯经济学思维模式。解释经济社会现象和问题，应该是多学科综合思考与研究，倘若仅靠一门学科或某一学科的一个流派的理论和思想就能解决一切问题，那还要众多的学科和流派干什么？所以，“第三条道路”不仅是一种经济社会实践，更是一种思维方式的革命，这或许正是人类经济社会发展的出路或是寻找出路的方向所在。

按照“第三条道路”的思维范式思考问题，有许多问题需要重新思辨。比如，多年来自由主义者一直坚持的逻辑是，不是市场模式就一定是计划模式，不是民主就一定是专制。民粹主义者更极端：不是平民政治就一定是独裁专制。这些混乱而又错误的认知，正在把社会文明形态推向某种极端的表现形式。

“第三条道路”作为人类目前能够看到的一线希望，能够成为新的道路选择或者是新的社会文明形态吗？

发展是硬道理，幸福是硬目标。民主只是手段，当手段无效时，就应该改变。

第10章　西方价值的混乱与重构

西方的民主政治在一定程度上已经陷入困境，新经济政策也带来了新的社会问题，那么问题的根源到底在哪儿，出路又在何方？这的确需要系统的思考与探索。

在笔者看来，除了科技的突飞猛进使传统社会不得不被动适应外，人类自身对已经摸索出来的各种价值诉求的认知混乱，恐怕才是导致社会思想混乱，并引发各种问题的主要原因。

今天的人类言必谈自由、平等、公平、正义，谈民主和法治，尤其对民主推崇备至，似乎民主就是人类文明尤其是政治文明的唯一选择。出现这种盲从的主要原因，就是价值观的混乱，没有搞清楚自由、平等、公平、正义、民主和法治的基本概念及其相互间的逻辑关系。从追求幸福为终极诉求这个高度来重新梳理人类当前各种主要的价值诉求，找出其内在的逻辑关系，或许我们就能发现问题到底出在哪里。

何为正义

何为正义？约翰·罗尔斯从哲学的角度对正义进行了界定。他认为正义包括两个层面。首先，什么是正义？罗尔斯认为功利主义的“最大多数人最大程度的幸福”就是正义。其次，正义的实现有两个原则，一是平等的原则，二是不平等的原则。平等原则是“每个人对与其他人所拥有的最广泛的基本自由体系相容的类似自由体系都应有一种平等的权利”。不平等的原则是“社会的和经济的不平等应这样安排，使它们被合理地期望适合于每一个人的利益，并且依系于地位和职务向所有人开放”[①]。这个表述很晦涩，一般人很难看得懂。

笔者喜欢讲常识，讲大家都听得懂的常识。其实，罗尔斯的正义观就是幸福观或者幸福正义观。实现“最大多数人最大程度的幸福”就是人间正义，而实现这种人间正义必须坚守两个原则，一是平等，二是公平。我们可以用一个简单的公式来表达这种幸福正义观：正义 = 平等 + 公平。

或许有些人会说，我们要的是自由、平等、公平、正义以及民主和法治等，罗尔斯只需要正义——正义就等于平等加上公平就行，难道他是想剥夺我们的各种价值诉求和各项权利？当然不是。万事抓根本，依逻辑展开，就一切都有了。

---

① [美] 约翰·罗尔斯：《正义论》，何怀宏等译，中国社会科学出版社 1988 年版，第 60–61 页。

人类社会首先表现为一个经济社会，人与人的关系也表现为经济关系，包括生产、交换、分配、消费等。尽管我们还可以用分享、共享等词汇来描述经济关系，但这都属于分配的范畴。

无论是生产、交换还是分配，人与人的关系就表现为两种形态，一是平等，二是公平。平等是说人与人享有同等的权利，但并不意味着人与人之间不能有差别。中国自古就有“不患寡而患不均”的伦理诉求，只要大家获得的都一样多，似乎就是正义的了。当然，除了经济上的平等，政治、司法和文化诸方面也都追求平等，政治上有一样的参与机会，司法上有一样的程序和约束，文化上不受歧视，各方面都能被一视同仁地对待，这就是正义的了。

但问题是，人天生是有别的，而且后天的生活环境也不一样。每个人最终表现出来的智商、情商都不相同，综合的能力——创造财富或价值的能力也不可能相同。如果吃“大锅饭”，结果就是能干者没了积极性，经济社会发展缺乏动力。所以，必须遵从“能者多劳”和“多劳多得”的原则。罗尔斯提出的通过“合理地期望适合于每一个人的利益”并“依系于地位和职务向所有人开放”来安排“社会的和经济的不平等”，意思就是毫无限制地实现贡献与获得成正比的分配原则。无论是劳动、资本还是其他资源与要素（罗尔斯简单地表述为地位与职务其实是很有局限性的），都得遵循这种原则。这也是正义的应有之义，亦是公平的应有之义。

无论是按照罗尔斯的复杂定义，还是按照笔者的简单公式，都有一个不可回避的问题：平等和公平不是一回事，我们不能将两者混为一谈。如果说人类真有什么与生俱来的“原罪”，恐怕就是人类的欲望和能力没有整齐划一地与生俱来，是人类欲望与差异化能力的对立与矛盾。是不是就没有办法解决这种对立与矛盾关系，只能面对“原罪”呢（这种“原罪”其实就是矛盾的普遍性）？

平等和公平缺一不可，二者兼具才是正义。办法是讲机会平等，不讲结果平等。大家有机会站在同一起跑线上，这叫平等。大家按相同的规则竞争，然后依照贡献与获得成正比的关系分配，这叫公平。人类解决“原罪”问题就是用这个思路与办法——正义。

自由与平等和公平

自由是平等和公平的前提。

罗尔斯讲的平等是基于“基本自由体系”而言的，其含义就是自由乃平等的前提。罗尔斯的自由包括三个方面：“自由的行动者，自由行动者所摆脱的种种限制与束缚，自由行动者自由决定去做或不做的事情。”[1] 这个定义就是讲人身自由、言行自由和思

① [美] 约翰·罗尔斯：《正义论》，何怀宏等译，中国社会科学出版社 1988 年版，第 200 页。

想意志的自由。一言以蔽之，自由就是人身、思想和言行不受人为限制或者压迫。

需要说明的是，人类的思想自由是永远存在的，因为谁都无法禁锢一个人想什么。所以，“独立之思想，自由之精神”是永恒的。言行与所思所想不一致，并不代表没有思想和意志的自由。

如果人人都能实现思想自由、人身自由和言行自由，自然就生活在一个没有压迫与剥削的世界，这不就是平等吗？没有压迫与剥削，人人都能各尽所能，多劳多得，这不就是公平吗？

如果有人身体或者言行受到别人限制或压迫，一方的话语权或行为权利大于另一方，就意味着限制者与被限制者之间已经不再平等。如果劳动的成果被强势的一方剥夺，剥夺者与被剥夺者之间就不存在公平。所以，当我们讲平等和公平的时候，其实也是在讲自由。人们自由了，平等和公平就有了。

平等和公平有了，正义就有了。

问题在于，自由到底怎么得来？

法制与自由

前面讲的逻辑是，有自由才可能有平等和公平，有平等和公平就有了正义。下面进一步探讨自由怎么得来？

自由既然强调思想和言行不受限制或压迫，那么能随心所欲是不是就自由了？

如果这世界上只有一个人，比如像鲁宾孙那样一个人生活于孤岛，就可以随心所欲做任何事情。但是，这不是真实的人类社会，这种随心所欲的自由显然没有可能。事实上，在一个社会里，哪怕是在动物世界里，随心所欲的后果一定不是自由，而是必然失去自由。

随心所欲其实是动物世界的丛林法则，与随心所欲并存的另一个丛林法则是弱肉强食。没有随心所欲就没有弱肉强食，没有弱肉强食就不能随心所欲，二者相辅相成。在这样的丛林世界里，弱肉强食的最终结果只能是谁最强大谁就能实现真正的随心所欲，而其他人只会被随心所欲。所以，随心所欲的自由不是真自由，而是必然导致压迫与剥削的反自由。随心所欲的丛林法则其实也是一种“原罪”，人人都要自由，最终的结果是少数人自由，多数人都不自由。正因如此，人类社会才逐渐从丛林法则中走了出来，逐步走向现代文明。

在现代文明社会，人类对自由的追求是通过法制来保障和实现的。所以，罗尔斯讲了“平等的自由”。“平等的自由”，其实就是反随心所欲的自由，强调通过法律和制度的安排来保障人人享有同等的自由权利。唯其如此，自由才可能真正实现。

法制就是通过法律和制度安排来规范人类的言行，对一些危害人类社会的极端言行进行限制与约束——不得弱肉强食，这样才能避免随心所欲，真正实现人们追求的自由。当然，除了法制，还要通过伦理道德来强调人类自我约束，以实现更高水平的自由。

这世界就是如此矛盾。自由要通过限制自由来实现，就像正义要通过既保证无差别的平等又保证有差别的公平来实现一样。

我们再捋一下逻辑关系：有法制才有自由，有自由才有平等和公平，有平等和公平才有人间正义，有正义才有幸福。

当然，不只是自由的保障与实现要靠法制，平等和公平的保障与实现也得靠法制。

法制是法律和制度的安排，法治是指依照法律和制度的安排来治理社会，二者是统一的。有些学者把法制和法治对立起来解释，是把简单问题复杂化了。如果像有些学者解释的那样，只有一切按法律办事，不需要政治和行政才是法治，显然是夸大其词，因为再完善的法制都可能有漏洞和不足，也需要一种机制去执行和落实。政治和行政就是法治的践行路径，不应该将二者对立起来。

有些自由主义学者一味强调自由社会的理想状态就是所谓“小政府，大市场”，强调政府越小越好，似乎一个社会只要有法律和司法系统就行了。但他们回避了一个事实，即他们追捧的西方自由社会的真实现状是“小政府，大法治”。政府固然小，但警察、法官和律师多如牛毛，作为立法机构的各级议会和议员也不少。所以，无论是立法还是司法，其运行成本远高于政府行政运行成本，只不过行政成本需要财政负担，而司法成本则大部分被甩给了社会，由申请司法救济的当事人承担了。比如打官司要向法院付费，请律师要支付巨额律师服务费，请警察也要支付保安费。在美国，越高档的社区，警察越多，三步一岗、五步一哨，就是这个道理。

所以把行政与司法对立起来是错误的，只要依法行政，政治和行政也同样是法治的一部分。通常情况下，行政的效率远高于司法体系。

真正的自由社会，首先必须是法制和法治的社会。没有法制和法治，就不可能保障自由。所以，法制和法治是自由的前提，自由是平等和公平的前提，平等和公平加在一起就是正义。

重构价值体系

通过前面的逻辑梳理，我们得出基本结论：民主是实现正义和幸福的切入点。正因为如此，今天的人们才会言必谈民主。但是，正如前文所述，民主应该怎么运行却是个问题。代议制民主已经实践了上百年，西方全民普选式民主也实践了几十年。时至今日，似乎并没有取得很好的经济社会发展成效，人们对现实的正义和幸福感的满意程度较弱，近年来西方社会出现的动荡和撕裂已经对民主形成了严峻的挑战。

这一方面是民主自身的痼疾所致——选票并不与责、权、利直接挂钩，多数人的投票通常是群盲选择；另一方面西方社会民主实践并没有带来经济社会的普遍性繁荣发展，同时极端民粹主义所追求的平民政治和反“政治正确”等异常现象也冲击着传统的民主体制。总之，民主这个“牛鼻子”已经出现了混乱，致使民主价值的诉求陷入了困境。

关于自由、平等和公平的价值观，其实也很混乱。对许多人而言，尤其是对民粹主义和平均主义者而言，自由就是要为所欲为，平等就是大家都得一模一样。至于公平，无论是普通百姓还是学者，很多人都将平等（equality）与公平（fairness）直接画了等号，结果就是只要平等，不要公平。这很容易走向民粹主义或平均主义的泥沼。

关于权利（right）和权力（power），很多人对其也同样认识模糊，不加区分。这也正是民粹主义思想泛滥的原因。权力属于政府，属于选举产生的机构和代理人，老百姓追求的是权利而非权力。这一点不搞明白，就会导致一些人盲目地追求权力，否则就是不民主、不自由、不平等、不公平，总之是不满意。

实际上，法制是自由的基础，但民主和法制都属于权力的范畴，是公民通过选举已经让渡出去的，而自由及自由基础上的平等和公平才是公民权利的范畴，关系公民正义感和幸福感的核心利益。老百姓最关心的应该是权利，而非权力。权利是目标，权力是工具和手段，这才是正常的逻辑关系。政府和代理人做好权力范畴内的事情，百姓做好权利范畴内的事情，这个社会才会安定和谐。

第11章　势不可挡的大变局

纵观人类文明史，每当技术革命到来，任何组织或个人试图阻止社会变化的努力都是徒劳的，“顺之者昌，逆之者亡”。人们通常说“想法没有变化快”，指的就是社会变化的速度通常超出人们的想象。人们也经常讲“形势比人强”，指的是技术革命所带来的社会思潮和社会形势的变化及其推动的社会变革势力的形成，通常是谁也挡不住的。

当今世界正处在人类文明划时代的转折期，科技革命正扑面而来，新的潮流和形势正在迅速形成之中，未来世界出现变革、变局都是不可避免的。

文明的阶梯

宏观地看，迄今为止人类文明只出现了三次革命性的大变化，或者说是三个阶段，抑或三种文明形态。

从改造自然的手段来看，人类的三个文明阶段依次为手工文明时代、机械文明时代和电子文明时代。

从获取自然资源并以之作为改造世界的物质基础来看，人类文明的三个阶段依次为石器与陶土时代、冶金与金属时代和硅与稀土时代。

从使用能源的能力与方式来看，人类文明的三个阶段依次为木材与木炭能源时代、煤炭与石油能源时代和电力能源（包括核能、太阳能、风能和潮汐能等）时代。

从文化角度看，人类文明的三个阶段依次为神学宗教时代、自然哲学时代和科学时代。

无论从哪个角度看，人类已经走过了前两种文明阶段，现在正处在第三种文明的进程当中。总体上看，手工时代的辉煌属于东方文明，包括古埃及文明、古巴比伦文明、古印度文明和中华文明；机械时代的辉煌属于西方文明，以英、法、德、美、意为主体；电子时代的开创者为美国，但最后的辉煌属于谁，现在下结论为时过早，竞争与角逐才刚刚开始。

从文明史的角度看，四次工业革命，即机械工业革命、电力工业革命、电子计算机和互联网技术革命、人工智能技术革命中，机械与电力革命属于机械文明时代，电子计算机和互联网与人工智能革命属于电子文明时代。

回顾文明史，我们会发现一个铁定的规律：每一次技术革命都不可避免地使人类社会发生根本性的变化，包括人类的需求结构、经济结构和社会结构的变化，最终表现为文明形态的变化。

手工文明时代的大变局

手工时代的每一次技术革命都会使经济社会发生重大变化，比如有学者认为马车的出现带来了商王朝的崛起，马镫和马鞍的出现带来了匈奴民族的崛起，弩机的出现带来秦帝国的崛起等。我们回顾手工时代人类社会几次大的变化，不能不感叹技术革命对人类社会的影响何其巨大。

手工时代的欧洲，相对亚洲而言，经济社会发展程度和文明水平要落后很多。到底是什么改变了欧洲，使之迅速崛起？可以说欧洲的两次巨变都源于亚洲人的入侵。

第一次是匈奴人的入侵。匈奴人被汉王朝打败后西迁，他们进入欧洲后打败了日耳曼人，促使日耳曼人南迁进入罗马帝国，后与罗马帝国发生战争，最终导致了罗马帝国（西罗马）的灭亡。欧洲进入日耳曼人统治的时代。在日耳曼人与罗马帝国连年战争的时候，基督教迅速发展。通常人们在战乱频仍，普遍陷入深重苦难的时候，最需要宗教的安慰，东西方莫不如此。

匈奴人的崛起，从技术角度看主要依赖于马镫、马鞍的发明，它们大大提升了骑兵的战斗力。匈奴人败于汉王朝，是因为汉王朝也掌握了马镫、马鞍的用法和马术，并有比匈奴更强大的后方支援与后勤保障，经济基础更强大。日耳曼人败于匈奴人，是因为当时的欧洲相对于亚洲而言还处在蒙昧时期，各方面都相对落后。罗马帝国败于日耳曼人，是因为罗马帝国的整体实力相对更差，并不像后来的欧洲学者所吹嘘的那样强大无比。

第二次是蒙古人入侵。尽管蒙古人并没有占领整个欧洲，但蒙古人消灭了阿拉伯帝国，这十分重要。几乎整个中世纪，信仰基督教（天主教）的欧洲与信仰伊斯兰教的阿拉伯帝国长期对峙，十字军多次东征，始终改变不了对峙的格局。蒙古人消灭了阿拉伯帝国，打破了这一平衡，使欧洲尤其南欧部分国家得到了解放，葡萄牙和西班牙相继独立。

蒙古人的崛起，从技术角度看主要依赖于游牧民族战马的速度和宋代发明的火炮威力。在宋、金对峙时期，宋朝发明了火炮——一种以火药为推力，以石头为炮弹的“火石炮”，也叫“霹雳炮”。靖康元年（1126年），金兵围攻北宋都城汴京，守将李纲曾用霹雳炮击退金兵，文献记载当时李纲的部队“夜发霹雳炮以击贼，军皆惊呼”[①]。在蒙古灭了金王朝转而攻宋时，发生了著名的钓鱼城（位于重庆合川江津）战役（1258年）。此战蒙古军大败，蒙古大汗蒙哥也死于钓鱼城。当时驻守钓鱼城的宋军就使用了“石炮”。

关于钓鱼城战役使用的“石炮”是否就是文献记载的“火石炮”或“霹雳炮”，史学界有争议。许多学者认为钓鱼城战役中，

① 参见宋代李纲著《靖康传信录》第二卷。

宋军使用的“石炮”应该是投掷石头的抛石装置。笔者曾在钓鱼城做过现场考察，发现要把石头从钓鱼城抛到数百米之外的蒙古军瞭望塔，木制的抛石机显然很难做到，更别说能够打垮一座军事瞭望塔，致使蒙哥大汗随着瞭望塔的垮塌而坠亡了。所以，那“石炮”应该就是火炮。

关于宋朝发明了火药枪或火炮的文献很多，可惜迄今没有出土文物的印证。

蒙古人使用火炮或火枪的历史文献记载也很多，而且还得到了出土文物的印证。内蒙古蒙元文化博物馆馆藏的火炮（体型较小，应算是火铳），出土于黑龙江，炮身刻有“大德二年”（1298 年）和数字“80”的编号，使用的是八思巴文。可见当时的蒙古军队不仅使用火炮，而且已经形成规模和建制了。这印证了西方历史文献记载的蒙古军队攻打东欧和阿拉伯帝国时曾多次使用火炮攻城，有时对城内连续炮击十几天的情况应该是真实的。

在钓鱼城丢盔卸甲并牺牲了蒙哥大汗的蒙古人，其后近 10 年时间里再也没有攻打南宋，转而向西攻击欧洲和阿拉伯帝国。当时的蒙古人“卧薪尝胆”的着力点会在什么地方？我们可以猜想，应该就是潜心研究宋军的火炮技术，并在向西的征途中不断实践和改进。直到其火炮技术能够赶上或超越南宋，蒙古人才返回来再度南侵。1267 年，蒙古军队再度南下攻打襄阳城，文献记载其使用的战术就是向襄阳城发动了一轮又一轮猛烈的石炮攻击。双方展开的应该是某种意义上的“炮战”，在军事技术装备的实力方面二者旗鼓相当，所以襄阳城坚守达6年之久。襄阳城最后失守，并非因为军力不济，而是岳飞的故事重演。襄阳城守将吕文焕带领军民坚守6年多，不仅没受到嘉奖和提拔，反而因被构陷要被朝廷查办。吕文焕一气之下降蒙，致使襄阳城失守。蒙古军南下的大门打开，南宋也因之迅速灭亡。

黑龙江出土的“大德二年”（1298年）制造的编号为“80”的火炮，是南宋灭亡20多年后的产品，此时的火炮技术相对比较成熟，成建制装备军队是完全可能的。

蒙古人靠战马的速度和人类最早的热兵器打败了阿拉伯帝国，从而改变了欧洲整体的格局，这个结论是比较准确的。南欧人摆脱了阿拉伯帝国的统治，获得了解放。同时，他们学会了阿拉伯人的航海技术，也学会了经蒙古人传入的热兵器技术，从而开启了大航海时代。欧洲人学习和改进的能力是超强的。尽管自宋代以后中国火炮技术也在不断地改进与发展，但直到1521年与葡萄牙海军展开“屯门海战”时，中国人才发现对方的佛朗机火炮威力已经超过了自己的火炮。好在中国打赢了“屯门海战”，缴获的佛朗机火炮就成了明代自产火炮的样本。

欧洲人的大航海倚仗的是战舰、火炮与火绳枪，这一点毋庸置疑。欧洲人通过大航海掠夺了巨额黄金、白银和黑人奴隶，创造了一大批金融资本家，形成了新兴的资产阶级。新兴资产阶级变得超有钱后有了物质之外的更高需求，对经济社会发展有了自己的主张，这才是欧洲巨变深层次的原因。当然，这一切还是缘于火药以及火炮技术的发明。

■ 机械文明时代的大变局

大航海和工业革命彻底改变了世界格局，欧洲人开始掠夺全球，亚非拉及北美相继沦为欧洲各国的殖民地。

在葡萄牙开启大航海时代之后，西班牙也开始跟进，与葡萄牙展开了海洋权益的争夺。面对葡萄牙与西班牙这两个航海大国剑拔弩张的争夺战，当时还较有权威的教皇出面调停，敦促双方于 1493 年 5 月在罗马谈判，由教皇指定了“教皇子午线”，将整个世界一分为二，即以亚速尔群岛和佛得角群岛以西 100 里格（约 500 公里）的子午线为分界线，该线以西的殖民地划归西班牙，以东的殖民地划归葡萄牙。后西班牙认为划分不公，双方于 1494 年再次谈判并签署了《托德西拉斯条约》，把这条子午线又向西移动了 270 里格（约 1350 公里）。按这条子午线，美洲只有南美的巴西等少量殖民地属于葡萄牙，其余的美洲大陆基本都属于西班牙，但亚洲和非洲的大片殖民地基本都属于葡萄牙。这是欧洲国家瓜分世界的开始。

随着工业革命的到来，荷兰、英国和法国也开始崛起。英国的“皇家海军”公然抢掠葡萄牙、西班牙、荷兰和法国的商船，展开了旷日持久的殖民地利益争夺战。经过近两个世纪的争夺，英帝国最终成为新的海上霸主。

英帝国之所以崛起并在殖民地争夺战中获胜，不只是依赖“皇家海军”，牛顿等一大批早期的科学家才是英帝国真正的坚强后盾。蒸汽机的发明与以《自然哲学的数学原理》为代表的科学思维范式的确立等，将科学与技术结合起来，使技术发明与创造有了逻辑知识的支撑，使人类进入了工业革命的全新时代。

在手工时代，尽管西方开展了大航海，也建立了大片的殖民地，但1521年葡萄牙人来到他们向往已久的古老中国时，并没能征服这片土地。即使明末发生了改朝换代的动乱，荷兰人趁机占领了台湾，但郑成功依然能将其夺回来，足见当时中国在与西方的力量对比中还是占有相对优势。

但是，100多年后，当基于工业革命建造的坚船利炮武装起来的英帝国海军再次开赴中国时，形势已经发生了根本性的变化。中国被殖民的时间尽管比美洲、非洲和亚洲大多数地方晚了300多年，但最终难免被殖民的命运。这其中的道理在于，手工时代最发达的中国文明再怎么辉煌，也抵挡不住科技革命带来的巨大能量的冲击。

当然，除了工业革命，还有工业革命带来的教育、文化和制度等领域的一系列革命，最终表现为整个社会文明形态的改头换面。随着清朝的衰落，全球格局开始彻底改变，世界完全由西方各国瓜分。

电子文明时代谁执牛耳

在机械时代，人类的机械工业文明辉煌了300多年，如今已经走到了巅峰，没有太多的发展空间。

机械制造的典型代表是交通和装备制造业，最能代表机械时代巅峰水平的莫过于两样东西，一是瑞士手表，二是法拉利跑车。瑞士手表通过机械原理实现千年自动运行的万年历、陀飞轮、月相、日出日落时间、恒星时指示和三问（时、刻、分区别）报时等多项功能。一块小小的手表，装配了1000多个细小的零部件，这已经是纯粹机械制造的巅峰之作了。瑞士手表的加工精度也超越了机械加工的精度极限，一些精密零件需要人工打磨才能确保其精度值，这说明机械加工的精度完全依靠机械本身已经遇到了“天花板”。瑞士手表动辄几百万元、几千万元甚至上亿元，这与其代表的机械加工制造的巅峰和极限水平是相匹配的。

法拉利跑车能将百公里加速时间缩短到2.9秒，这几乎就是经典物理学的极限值了。无论从力学、空气动力学和热力学的角度如何创新与改进，想再提高哪怕0.1秒的百公里加速时间，都已经不太可能。这就是机械时代的巅峰与极限的典型代表。

瑞士表和法拉利跑车是工业革命后机械文明时代的巅峰之作，欧洲是这种巅峰和极限水平的代表。当机械制造遇到了“天花板”，就意味着一个时代的谢幕。

当一个时代开始谢幕，势必有新的科技革命到来。以特斯拉为代表的电动汽车横空出世，将百公里加速时间缩短至2秒，这是机械原理无法实现的新高度。这说明什么呢？说明人类正在从机械时代迈向电力和电子时代，人类的经济和社会结构将再次发生深刻的变化，同时也意味着人类又要进入新的文明形态，世界格局也将再次发生变化。

电力技术革命是能源革命，它依然是欧洲工业革命的产物，属于第二次工业革命。电力技术与电子技术的结合，促使计算机、互联网和信息技术革命的到来，这是第三次工业革命。以电力技术革命为代表的能源革命改变的是机械运行的能源供给方式，并不会带来社会文明形态的变化。电子技术革命却不同，它改变的是事物运行的方式，许多事情未必是机械运动，但可以是电子运动。人类一下子从机械运动的时代进入了电子操控的时代。电子成了机械运动的大脑，同时也彻底改变了信息和知识传播的方式与路径。人类的生产和生活方式再一次发生质的改变，生产和交换的效率再一次大幅度提升。

在电子信息时代，机器已经可以模拟人类大脑的神经网络系统开展工作。基于互联网和卫星通信，基于大数据，人类开启了人工智能时代。这就是第四次工业革命。

人工智能的本质是模拟并开发和拓展人类的智慧，让机器更多地取代人类的劳动，尤其是从取代机械时代体力劳动转向取代人类的脑力劳动。

自动导航和无人驾驶已经开始应用于生产和生活实践，这是人工智能技术的初步应用。人工智能技术的进一步升级依赖计算机、互联网和通信技术，比如电子通信和传输的速度、带宽等。这是制约人工智能发展的瓶颈，所以通信技术需要从4G时代升级到5G时代。

第一次和第二次工业革命属于机械时代，第三次和第四次工业革命属于电子时代。前两次工业革命的辉煌属于欧洲，第三次工业革命的辉煌属于美国，第四次工业革命的辉煌属于谁？目前还不能轻易下结论。

在第四次工业革命中谁领风骚，就可能决定电子时代最终的赢家是谁。目前中国在5G领域具备一定的优势，也正因如此，招致了美国的“围追堵截”。如果未来赢家不再是美国或者欧洲，世界的格局可能将再次发生改变。

2017年美国公布《2016—2045年新兴科技趋势报告》，对未来30年人类可能取得重大突破的新技术领域进行了梳理，提出了20个高新科技发展的方向，包括物联网、机器人与自动化系统、智能手机与云计算、智慧城市、量子计算、混合现实、数据分析、人类增强、网络安全、社交网络、先进材料、先进数码设备、太空技术、新型武器、合成生物科技、增材制造、食物与淡水科技、能源、医学和对抗全球气候变化等。这20个新领域，除了材料、能源、医学、气候和食物科技外，几乎全都与计算机互联网和人工智能相关。

美国中央情报委员会也发布过更全面的世界发展趋势分析，

如2012年推出的报告《全球趋势2030：变换的世界》，对全球迈向2030年的大趋势进行了综合分析，包括经济、政治、科技、教育、人口和地区冲突等，对未来趋势给出了“大停滞”“大融合”“大分化”“非国家化”等预判。该报告还认为，中国、印度和巴西等新兴国家经济的快速发展，将逆转自1750年以来西方在历史上的崛起，恢复亚洲在全球经济中的分量。中国可能会在2030年之前成为全球第一大经济体，全球经济健康将越来越与发展中国家的经济表现相关联。①

不管亚洲与中国在全球的经济分量如何，有一点是肯定的：在今天的科技发展大趋势下，未来谁掌握了高科技的核心技术，谁就掌握了经济社会发展的引擎；谁掌握了第四次工业革命的话语权，谁就可能是未来世界的经济中心和电子文明时代的主角。

科技革命加速改变文明形态

人类从手工时代走向机械时代和电子时代，文明形态发生了翻天覆地的变化。

手工时代的中国社会是士族社会，政治上表现为皇权和乡村自治；教育文化上表现为儒家教育和科举取士，同时也存在儒、释、道并存的多元文化格局；技术上表现为手工制造引领世界，

① 参阅美国国家情报委员会：《全球趋势2030：变换的世界》，中国现代国际关系研究院美国研究所译，时事出版社2013年版。

丝绸、茶叶和瓷器成为全球追捧的刚需品。社会结构相对稳定，物质和精神文明处于全球发达水平，整体的经济社会发展处于世界领先的水平。但这一切都是相对的，由于经济和社会结构稳定，社会文明形态固化，社会发展并没有根本性的突破与进步。

大航海之后，随着“三大思想解放运动”和工业革命的到来，西方社会发生了翻天覆地的变化，并最终使整个人类开始走向新的文明时代。这种文明形态的变化，在科技上表现为从手工文明走向工业文明，经济上表现为从殖民地时代的掠夺经济逐步走向自由贸易和全球化，政治上表现为从封建王权时代走向现代民主共和政体，教育文化上表现为从宗教文化的传授走向科学和人文知识的传授。经过两次世界大战的洗礼，我们逐渐形成了自由、平等、公平、民主、法制的人类共同价值体系，这就形成了现代社会文明的基本形态。

电力工业革命和电子工业革命的到来，进一步解放了生产力，使人类全面进入了物质和产能过剩的时代。尤其是电子信息时代的到来，计算机、互联网和自媒体时代的到来，促使社会结构加速向扁平化方向发展。这促使人类除物质需求之外更高级的需求被凸显出来，尤其是表达与参与的需求异常突出。社会扁平化也促使了针对政治和精英阶层的祛魅思潮兴起，传统的精英政治开始转向平民政治，传统的民主也开始转向民粹主义。一些极端思想开始借助扁平化的社交媒介广泛传播，工业革命以来形成的人类共同价值体系开始受到挑战。总之，第三次工业革命已经促使人类社会发生巨大的变化。

随着第四次工业革命的到来，人类将面临怎样的变化？有一点是肯定的：第四次工业革命将进一步加速人类社会向扁平化方向发展。这无疑会进一步冲击既有的价值体系和社会架构，而且在正负两方面都会产生冲击。如何适应新的变化，是张开双臂迎接还是遏制文明新时代的到来，需要有充分的思想准备。

第12章　普遍过剩与文明和幸福

人类行为的逻辑既是每个个体的行为逻辑，也是站在整个人类历史进程来看问题的一种逻辑。实际上，在任何一个文明阶段，需求与满足都不可能是整齐划一的，或者说并不是每一种需求都能得到普遍的满足，每个人的需求与满足都会处在不同的水平。

不过，在几次工业革命之后，人类的确进入了过剩时代。过剩表现为物质和产能的普遍过剩。过剩时代的到来，意味着人类所追求的幸福水平普遍提升，高于生理和物质需求的各种高级需求，开始成为普遍性的社会需求。

安全感何来

衣食住行的解决与得到保障的结果，是人们开始有了一定的财富积累。有了财富积累，就会有守护既得利益的安全保障需要。当然，安全需要首先是人身安全的需要，其次才是守护既得利益安全的需要。

任何社会，治理的目标除了发展生产和创造财富，就是提供人身和财产的安全保障。氏族社会，人类从穴居到建立聚落城池，都是出于安全的考量。进入文明时代后，人类依然是以个体和社会的安全保障为第一诉求。

人类安全诉求最直接的表现，在和平时期是对社群和社会秩序的渴望以及对国家道统或法统（伦理与法制）的依赖，在战争时期是对国防的依赖。

安全需要的满足与基本的生理和物质需要满足不同，它不仅表现为切身体验，更表现为心理感受。这决定了国家和社会所提供的安全保障与服务，不仅是切实的秩序保障，还应该通过服务给人们提供良好的体验与感受。所以，在法制社会，除了法律保障，国家和社会为人们提供司法服务的水平就是安全保障的直接体现。

司法正义不只是立法的正义，更是执法的正义。这其中，最重要的环节有三个：一是提供人们体验有序参与立法的机会，二是让人们能够体验到司法的程序正义，三是让人们能感受到文明执法。如果这三个环节做不好，人们就不太可能相信司法，也就不太可能从安全体验中获得幸福的感受。

平等的伦理关系也是获得安全感受的重要源头。只要存在不平等的情况，有强权凌驾于大众，人们就会有随时被剥夺的担忧。若面对的是贵族特权阶层的傲慢，平民就不可能有安全感。这需要有平等的社会制度设计。

在贵族社会，相对平等的政治与经济制度是个体和社会安全的根本保障，人民有安全感，社会才可能稳定。比如“井田制”是一种土地制度，也是一种关系税赋和分配的经济制度。公田之外的私田，是土地存量的对等分配。耕作后的公田收获归公，私田收获归己，对大家一视同仁，这样就有了平等或是相对平等的感受。正因为有了这种平等的感受，才有了“平民”这个概念。这是中国古人的智慧，天子之下都是一样的平民，谁也不用担心谁剥夺谁。

法律面前人人平等，“王子犯法与庶民同罪”，这也是平等思想。有这样的法律保障，大家就不用担心权贵的强取豪夺，也就不会感觉不安全。

在物质过剩时代，人们对法制、秩序以及平等和公平的要求也会更高。

人们要求司法不只是防治犯罪和惩恶扬善，更应该为公民提供安全保障和服务。保障和服务与防治和打击尽管目标一致，但理念和方式却不同，服务更能让人体会到安全感。百姓的安全感只能来自真实地为人民服务。

因办理房产过户和护照等事项，笔者体验了一下国内司法和行政服务的态度、效率与水平。与几年前相比，实在是大变样，昔日那种“门难进，脸难看，事难办”的作风已基本没有了。比如过去办各种手续需要一大堆资料，这些资料都要自己去复印和准备，如今司法和行政服务中心全都免费提供复印和整理服务。在这种情况下，办事人自然会有莫大的幸福感，因为我们感觉到国家的变化，受到国家司法和行政服务的尊重。

虽然这是小事，但请注意，服务质量和安全感，正是从这些小事情中感受到的。当司法和行政从过去的管、控、治转变成为人民服务，我们就能够感受到他们的平和与友善，以及我们与他们的平等存在，这不就是安全感吗？

依法治国、依法行政是前提，但从治理到服务的转变，才是人们体验到安全的关键。我们一定要注意到，关注人们的体验与感受才是服务之根本，也才能让民众分享国家和社会发展的福利并感到幸福。

爱和归属感在哪儿

生活富足而安全之后，人们自然会追求爱的感受：爱自己，爱他人，被人关爱。这种爱的体验，来自个体的相互交往，来自集体的生活体验，也来自社会组织的服务，甚至来自人们所感受到的民族文化。

在古代宗族社会里，每个族群都有一个共祖，也有一套宗法，同宗同祖，文化同源，这就是一种归属。夫妻恩爱，子孝兄悌，这就是亲情与爱。

儒家讲仁爱，其贡献就是促使贵族社会向士族社会转型。贵族社会“刑不上大夫，礼不下庶人”，强调贵族免受刑罚，对平民百姓也没有礼制的束缚，即贵族靠道统（礼）来约束，平民靠法统（刑）来约束。这看起来是将贵族和平民分别对待，但实际上，随着“学而优则仕”的推行，士大夫阶层崛起，取代王公贵族成为社会治理的中坚力量，以士大夫为核心的阶层就慢慢受到道统的浸染，这也正是后来贵族社会向士族社会转变的原因所在。

自汉唐以后，尽管有战乱和专制，但儒家仁爱思想始终是社会主流的意识形态。当然，法家思想也始终伴随着一个又一个专制王朝而存在。儒法结合，导致后来社会形态越来越走向宗法形态，尤其是在宋明理学之后，仁义道德的背后也有祖宗家法。即便如此，爱和归属感的源泉依然离不开族群和社会。

现代社会里，家庭和工作单位是体验爱与归属感的主要场所。但这显然是不够的，因为社会形态大不一样了。

在现代城市化的生活形态下，人们的生活变成了“两点一线”。人与人之间的交往越来越少，同一栋楼内门对门邻居互不认识的情况非常普遍。除了自己的小家庭和亲戚朋友，每个人生活和交往的圈子越来越小。

为什么近年来各种线上或线下的读书会、网络社交媒体和社群以及宗教组织异常活跃？原因就在于人们对爱和归属感的需求得不到足够的满足，这些社交媒介在填补人们内心的部分空缺。

对民族文化与民族国家的热爱与认同，不仅是归属感的源泉，也是安全感的源泉。

传统文化绝不只是历史文献，更应该是考古发现和文物所承载的历史沉淀。面积不大的德国有6500多家博物馆，这说明什么呢？全世界的博物馆几乎都在展览中国的文物，而中国关注博物馆的人相对很少。为什么？

情感和文化，其基石是什么？是人们真实的体验与感受。人们若能够从中体验和感受到爱与归属感，情感和文化都会不请自来。

■ 表达和参与很重要

人们在吃不饱、穿不暖时不会有什么精神头，只有在吃饱、穿暖尤其吃穿不愁时，才既会思考自己的既得利益要有安全保障，也会寻找爱与归属感，还想得到足够的重视与尊重。人们不仅想，还会把这些所思所想表达出来作为价值诉求，要求国家和政府制定规则给予保障，甚或要求参与规则的制定。

古希腊早期的元老院后来逐渐演变为“公民大会”，最终演变为街头政治。这是因为人们表达和参与的权利没有得到足够的重视与尊重。

在今天的社会里，网络和社交媒体高速发展，为人们提供了表达和参与的平台。当然也带来了新的问题，如情绪化的宣泄，蓄意造谣和传谣以及恶意谩骂与攻击等。

面对新情况和新问题，应该进行合理疏导而不是简单的堵塞言路，这需要智慧。

笔者在国外的时候，专门观察和研究了西方的言论自由情况。现实中，无论是西方的主流媒体还是自媒体，假信息远远多于真信息，极端言论也充斥着网络。当时，即便身为总统的特朗普，也天天发推文，号称“推特治国”，但看其推文，基本没几句真话。刚开始笔者对这些有点不太习惯，但时间久了，发现西方人对谎言和谣言并不太在乎。他们认为真相和假象永远是相对的，谎言和谣言的存在正是言论自由的表现之一，是不是说谎，取决于倾听人的判断。人人都不信，他就会成为说谎话的骗子，受害的是他自己。

一个更有趣的现象是，谎言越多的地方，人们越不相信谎言。特朗普几乎天天在说谎，美国各大主流媒体也天天在指责他说谎，美国人民则天天在看双方的笑话。大家信谁不信谁，更多取决于各自的利益诉求。

当然，我们不鼓励说假话，但要允许讲话。允许讲出来，一方面满足其表达的欲望和需求，另一方面让听众知道其品行。

过剩与变革

人类自进入工业化大生产阶段，就已经进入了物质过剩时代，尽管更多表现为相对过剩。而在经过了三次工业革命后的今天，人类已经进入了普遍过剩的时代。

相对过剩是马克思的界定。正因为马克思有这种界定，西方社会开始基于相对过剩的论断来解决问题。解决的办法就是开拓市场，进行过剩产能和过剩物资的转移。

当殖民时代的利益格局不足以支撑过剩背景下过剩产能的无限扩张时，战争与掠夺又成了唯一出路。两次世界大战，其原因依然是过剩导致的危机无法解决，西方大国企图通过战争来重新划分利益格局，以市场垄断来消弭传统意义上的需求和消费不足。

两次世界大战的确打出了一个新世界。当意识到不能通过战争和掠夺来解决问题时，人类开始把保障人权和追求自由、平等、公平和正义作为构建世界新秩序的价值原则。

客观地讲，二战后的人类的确意识到了自身需求结构的变化，这从共同价值的诉求以及随之出现的以平权运动和全民普选式民主为主要表现形式的西方社会政治文明形态的变化就可见一斑。但是，问题能得到根本性的解决吗？

二战之后，世界经济经历了30多年的高速增长。但这其实是恢复性增长，战争破坏越大，恢复性增长的空间就越大。经历了恢复性高增长之后，20世纪70年代西方社会再次陷入长期的滞胀危机，经济开始衰退或是停滞不前，看不到走出阴霾的希望。

里根和撒切尔时代提出的自由主义和全球贸易的理念，说到底还是希望通过打开相对封闭落后的市场，以消耗过剩产能和商品，并没有什么革命性的思想与理论能够彻底解决过剩问题。唯一不同的是，过去靠殖民或战争开拓市场，现在靠和平的自由主义和全球化思想以及真实的全球自由贸易开拓市场。

理解过剩的实质，绝不能停留在表面的物质和产能过剩上。过剩的实质是人类的需求结构发生了根本性的变化。纠结于传统产业及其过剩本身，忽视需求结构的变化，解决不了问题。过剩是物质和产能的过剩，而不是欲望和需求的过剩。过剩只能说明既有的经济结构与人类需求结构的变化不相适应。过剩意味着人类经济和社会发展的关注点或着力点必须转变，必须关注人类新的需求，并因之转变经济结构和增长方式。

互联网经济，其实就是过剩时代的产物。它能够在一定程度上满足人们新的需求，同样能创造新的经济增长动力。这是经济结构调整的典型例证。所以，解决过剩问题，要靠经济改革，不能钻进传统产业的死胡同里去恶性竞争。

人类追求幸福的终极目标永远不会改变，变的只是需求和满足需求的方式。人类需要有与过剩时代相适应的大变革、大思路与大发展，这才是人类需要共同思考的根本问题。

后　记

EPILOGUE

今天的世界，正处在又一次大动荡和大变革的前夜。写此书的初衷，是想寻找当前人类全球性新思潮和新动向的内在逻辑并对其做合理的解释。

人类的一切思想和行为到底有没有逻辑，逻辑又在哪里，这是我首先要找的答案。历史是一条长河，有前因有后果，自然也有逻辑。历史的制造者是人类。历史记录的是人类行为及其结果，人类行为的结果就是人类文明。这样去思考，慢慢就找到了此书的基本脉络。

全书内容涉及哲学、伦理、政治、经济、科技、教育和文化等多个领域，看起来有些散乱，但如果能抓住人类行为的目标、路径和结果这条主线，就能把握其内在的逻辑关系。这是理解此书主旨的关键。

本书稿完成于2019年8月，此后的世界发生了和正发生着巨大而惊人的变化。鉴于书稿已经提交出版社，不便再做大的改动，所以对今天世界正发生的事情没有述及。但阅读此书，读者应该能理解作者想找寻和表达的那种内在的东西，这正是理解今天和未来世界的一把“钥匙”。有了这把“钥匙”，就没有解不开的困惑了。

新冠疫情对这个世界的冲击，是对人类文明的又一次洗礼，它关乎人类的价值观，关乎人类的政治和经济制度及其变革，关乎人类科技和文化的创新与进步，最终一定会上升到哲学和思想层面。

西方社会近年出现的所谓反“政治正确”和民粹化思潮是引人注目的思想动向。这种思潮到底会走向何方，是值得全人类普遍关注和思索的重大问题。当前，这种思潮似乎正在向着极端民粹主义、民族主义、国家主义和“反全球化”或“逆全球化”的方向迈进。人类在二战后逐步建立起来的共同价值体系，以及这种价值体系支撑下的现代政治文明、经济文明、科技文明和全球化的文化价值取向，正在而且必将接受更残酷的挑战。

美籍日裔学者福山的所谓“历史终结论”曾经备受追捧，但现在看来，其结论显然要接受现实和未来的审视与批判。新冠疫情暴发后，福山看到了东西方社会应对疫情的真实表现。他说“我承认新自由主义已死”，但“中国制度不可复制”，“我们将回到 1950—1960 年的自由主义”。他承认之所以西方的自由主义正在向民粹主义转型，是因为看到西方民粹主义兴起的国家表现出了空前的混乱、无序和无能，所以他才强调人类应该回到“1950—1960 年的自由主义”。

什么是“1950—1960年的自由主义”？这其实是约瑟夫·斯蒂格利茨（Joseph Stiglitz）在其新作《新自由主义的终结与历史的复兴》中对新自由主义代表人物福山进行批判时提出来的。“1950—1960年的自由主义”是指市场经济、对私有财产的尊重以及通过政府干预减少社会及经济不平等的高效国家三者并存的道路选择。这其实就是尊重市场和私有产权前提下的国家干预主义。这种表述，是叫凯恩斯主义还是“1950—1960年的自由主义”呢？

经济史的常识告诉我们，1950—1960年的美国和西方社会，正是凯恩斯主义高歌猛进的时代。这个时期的日本，还处在“战时经济”的状态，这一点书中已有述及。

福山显然不愿意承认中国模式的普适性。尽管他承认中国模式的无穷魅力，但仍然以“不可复制”为由拒绝接受。斯蒂格利茨是新凯恩斯主义的旗手级人物之一，但他使用的也依然是“1950—1960年的自由主义”这种表达。斯蒂格利茨是想对行将就木的新自由主义表达一丝同情与怜悯，还是不想与走向极端的新自由主义和民粹化思潮相杂交的极端思想为敌？我们不得而知。

我们知道的是，斯蒂格利茨同时也是“第三条道路”的倡导者，还是对中国模式大加赞赏的西方学者之一。按斯蒂格利茨对“1950—1960年的自由主义”的描述，最符合其含义的，当然是新加坡模式和中国模式。事实上，西方学者讲“第三条道路”时，也无不以新加坡和中国为例进行阐释。

本书没有对人类未来走向作出任何结论，但所谓“历史终结论”显然是谬论。历史不可能终结于任何理论或主义，恰恰相反，人类历史正在开启新的篇章。

写此书，唯愿能对大家有所启发。

2020年4月6日于武汉